I0447367

LA GRAN ESTUPIDEZ HUMANA

SEGUNDA EDICIÓN CORREGIDA

---oOo---

LA CONDUCTA POCO CABAL DEL SER
HUMANO A TRAVÉS DE SU EVOLUCIÓN

---o---

FERNANDO HERRERA ÁLVAREZ

++++++ FERNANDO HERRERA ÁLVAREZ ++++++

SEGUNDA EDICIÓN: OCTUBRE 2016

DEDICATORIA:

Por considerar que este es un libro de contenido muy polémico que tal vez no le agrade a la o las personas a quienes quisiera dedicárselo, prefiero dejar tal dedicación para todo el que después de leerlo esté de acuerdo conmigo en al menos la mitad de lo que expreso.

PRÓLOGO

Son tantos y tantos los errores que hemos cometido en el pasado y tantos y tantos los que seguimos cometiendo, que se hace prácticamente imposible catalogar todos y cada uno de ellos. En esta pequeña obrita, nos limitamos a realizar una crítica, sincera, sin ambages de ninguna índole, tratando de hacer llegar a quienes se creen vivir en un mundo de maravillas, porque tuvieron la suerte de estar en sitios más organizados, que no todo es tan sencillo como parece, y que hay personas que sufren terriblemente los resultados de su ignorancia; ignorancia que los ha llevado, a través del tiempo a creer que es ideal lo que en realidad es dañino, a pensar que es productivo, lo que es árido, y pensar que merece un infinito respeto, aquello que verdaderamente es un invento falaz de la argucia humana para el beneficio de unos pocos.

Algunas de las cosas que mencionamos en este texto, sabemos a ciencia cierta que son *utópicas, pero hacer referencia a ellas como una posibilidad poco realizable, al menos puede hacer soñar en un mundo mejor. Para ello, es necesario haber hecho comparaciones entre la maldad que está presente en algunos lugares, y la felicidad que representaría la no existencia de tales lacras sociales. En cualquier forma, a sabiendas de que la crítica, aunque se haga con buenas intenciones, siempre tendrá detractores, ponemos esta pequeña obra en sus manos, y dependerá del sano criterio de cada lector, guardarla en su biblioteca, prestársela a un amigo, o lanzarla al cesto de los papeles. En cualquiera de las tres formas les quedamos agradecidos, por el solo hecho de haber sido nuestro paciente lector.*

Guarenas, diciembre del 2014.

El Autor.

LA GRAN ESTUPIDEZ HUMANA

INTRODUCCIÓN

Imaginemos que estamos sentados en una cómoda butaca, en la terraza de nuestra vivienda campestre, la cual tiene como fondo el horizonte mitad rojizo y mitad azulado, de una tarde en declive, cuando la noche intenta llegar, pero aún no lo ha logrado. Frente o por encima de nosotros pasan veloces bandadas de pájaros que buscan guarecerse de la noche que se aproxima. Ruidos diversos de variados insectos, mezclados con el croar de algunos batracios de una laguna cercana, el canto de un gallo equivocado que confundió el crepúsculo con el amanecer, y los ladridos furiosos de un perro encerrado que ve pasar a la perrita de su vecino.

Todo eso nos da la impresión de cierta tranquilidad, de algo de paz, y de equilibrio de la naturaleza, y cuya percepción depende de nuestros pensamientos, de nuestras ilusiones, nuestros deseos cumplidos o no, y en definitiva de nuestras esperanzas de continuar siendo felices, si lo somos, o de serlo, si aún no lo hemos logrado.

Esa podría haber sido la existencia de todo ser humano, desde que el mundo empezó a desparramar por sus diferentes escenarios la enorme, gigantesca cantidad de seres vivientes, cada uno de ellos con diferentes formas de vida, de discernir, de desear, y en última instancia, de relacionarse con los demás miembros de su especie y de las que no lo son. Pero, ¡cuán diferente es la realidad de todo lo que aparenta tranquilidad y felicidad!. Desde que empezamos a sentirnos capaces de procrear, sin saber lo que hacíamos, o que ingeríamos alimentos en nuestro estómago, sin saber verdaderamente que si no lo hacíamos moriríamos... el ser humano, o lo que fuéramos realmente, pues no hay un límite que nos diga en qué momento dejamos de ser animales irracionales

6

para convertirnos en bestias pensantes, siempre fuimos dominados por los instintos más depravados y salvajes que la mente más alocada pueda imaginar.

Aunque ese momento crítico en que supuestamente pasamos del estado irracional al tan cacareado de *homo sapiens* sea prácticamente imposible de conocer, puesto que ocurrió en forma tan lenta y continua que no dejó ningún punto de divergencia entre uno u otro instante de nuestra existencia, que nos permitiera definir que a partir de ese tal momento éramos lo creemos ser actualmente, si estamos en capacidad de ser jueces críticos, a través del conocimiento que nos han dejado tantas reliquias y vestigios del pasado, reafirmados con los ya más recientes, dejados estampados en diversas formas de escritura, que para bien o para mal nos delatan de todo lo malo o bueno que haya tenido nuestra conducta hasta la actualidad.

Así como nuestro aspecto físico iba cambiando constantemente, aumentando el tamaño de nuestra estatura, (lo cual no es nada extraño, pues hasta los caballos a través de los tiempos han aumentado su voluminosidad corpórea), también nuestra máquina de pensar, ubicada en ese órgano delicado que llamamos cerebro, también ha ido evolucionando, no tanto en su volumen, sino más bien en la capacidad de forjar nuestros pensamientos.

Aquellos supra-abuelitos nuestros que aprendieron que vivir en cavernas era mejor que hacerlo a la interperie, para poder defenderse de los otros animales humanos o de otras especies, amén de protegerse de las inclemencias de los fenómenos atmosféricos, lograron ese aprendizaje a costas de experimentar sufrimientos y hacer comparaciones entre el antes y el después de las acciones realizadas. No prelaba en ellos ningún raciocinio creativo, sino únicamente la necesidad de protección que provoca el instinto de conservación. Para ellos no había diferencia entre dejar sin sentido o matar al enemigo, hasta tanto no descubrieron que al matarlo evadían las represalias y el riesgo de seguir sufriendo amenazas de ataque. Hoy día, muchos miles de años después del CroMagnon, el cual ya era considerado como el rey de la creación, seguimos, por instinto matando al niño que asomado a una ventana vio como dos pandillas se mataban mutuamente, o un vecino era asaltado y asesinado; siempre con la misma intención de aquellos tiempos: eludir las represalias de quien por el solo hecho de haber presenciado algo negativo, se convertía automáticamente en el más feroz enemigo de su causa.

Como vemos, a través del tiempo, seguimos siendo prácticamente lo mismo: algo parecido a los caníbales que se comen mutuamente para matar el hambre, sin sospechar ni remotamente que el individuo que se están ingiriendo es un ser pensante, con ilusiones y esperanzas que quedan truncadas en un instante. Cuando el mafioso de la droga asesina al incauto que cayó en sus redes, porque tuvo un ligero atisbo de ser libre, actúa exactamente igual que aquellos seres de antaño, que sin saber lo que representaba un sentimiento humano, mataban al cazador que no cumplía con las exigencias de llevar carne a su tribu.

En realidad tan bestias fuimos como somos actualmente. Únicamente ha cambiado algo la forma, el ambiente y los métodos, pero el fondo, y la motivación son prácticamente las mismas. Es bueno hacer la observación de que estamos hablando de gran parte de la población del mundo, entre las cuales, precisamente, estamos inmersos, pero debemos reconocer que existen algunos otros lugares donde ha habido cierto progreso inteligente, que verdaderamente podemos llamarlo humano, y que permite ciertos beneficios de los que no goza prácticamente el ochenta por ciento restante. En esos lugares, la diferencia se ha dado, porque la élite dominante ha adquirido un grado cultural superior, que les ha permitido crear leyes e instituciones que hacen cumplir, ya sea voluntariamente o en forma coercitiva, y que se diferencian grandemente de aquellos otros lugares donde existe casi anarquía total.

CAPÍTULO I

A través de la historia, al menos de aquellas partes que parecen más confiables, podemos deducir que el comportamiento humano siempre ha estado plagado de deseos innatos de apropiarse de lo ajeno sin ningún tipo de restricción. Así se han originado las invasiones de unos pueblos a otros, de unas naciones contra otras, y la existencia de rivalidades de todo tipo, ya sea económicas, religiosas o filosóficas. Pretender decir que las religiones han tenido como meta desarrollar el culto a sus dioses personales, sería absurdo, cuando en realidad esas instituciones siempre han funcionado, y aún lo hacen, forjando la creación de élites poderosas con dominio total o cuasi total sobre sus semejantes. La creación de un dios universal de índole monogámica, o de infinitos ídolos, especializados los unos, y genéricos los otros, simplemente ha sido el pretexto para bajo la amenaza de la desobediencia y consecuente castigo divino, hacer cumplir los deseos de un pequeño grupito de poderosos mandones que siempre han doblegado la voluntad de la gente sin capacidad propia de discernir lo verdadero de lo falso.

Desde la más remota antigüedad han existido los vivos, los depravados aprovechadores de las circunstancias de toda índole, para bajo cualquier pretexto, basado en coincidencias o de planificación

11

intencionada de los hechos, se han hecho emerger como líderes, ya haya sido como sacerdotes, sacerdotisas, brujos y hechiceras, jefes de templos, forjadores de oráculos, y de tantas otras innumerables formas de atemorizar al estúpido, que en su gran mayoría han sido los miembros de nuestra especie.

Incontables han sido las intrigas realizadas entre los grupos dirigentes religiosos, como también lo han sido entre los miembros de la realeza o jefatura, ya sea de tribus o de reinos. En tales casos siempre ha imperado la eterna división entre los vivos, es decir los líderes, y los seguidores, es decir los estúpidos. A veces el porcentaje de ineptos por ser demasiado, elevado no podía ser manejado por los pequeños grupos dirigentes, y se ocasionaban las revueltas que producían algunas veces cambios, o bien el grupo dirigente era tan grande que al no poder detentar cada uno de ellos los cargos ambicionados también se declaraban en revuelta.

El líder, ya sea religioso, económico o administrativo, generalmente siempre ha sido el individuo capaz de sobresalir de entre sus congéneres a costa de lo que fuera necesario. La forma más fácil de elevarse en la escala es hundiendo a los que nos rodean, aunque también los ha habido que han subido, ascendido, por sus propios méritos, y precisamente de este último grupo es que a veces han surgido personajes honorables que han dado algo de prestigio a nuestra tan degradada especie. A través de nuestra historia ha habido millones de líderes, que alcanzaron mayor o menor grado de reconocimiento universal o regional, casi todos ellos de características psicopáticas; y también unos cuantos cientos de auténticos triunfadores que han sido los responsables de muchas de las ventajas de las que podemos gozar actualmente. La diferencia numérica entre unos y otros es escalofriante, pues ya mencionamos que los unos se dieron por millones, mientras que los otros apenas fueron unos cuantos centenares. Nos gustaría poder mencionar el nombre de aquellos que consideramos líderes humanos verdaderos, pero seguramente obviaríamos, sin merecerlo, a otros, que siéndolo también, pasaron desapercibidos, porque no tuvieron un historiador que aceptando sus ideas lo dejara reseñado como tal héroe humano.

La Historia del hombre siempre ha sido reseñada por personas de la época en que acontecieron los hechos. Pero tales hechos, sabemos que son interpretados por cada quien de acuerdo con sus ideas. Lo que para unos fue excelente, para otras tal vez fue pésimo. Debido a este hecho no podemos confiar en lo que nos dicen los textos de historia, pues inclusive, hablando de los hechos actuales, que nosotros conocemos a la perfección, vemos como se distorsiona la realidad en forma tan vergonzosa, que a veces nos sentimos ofendidos leyendo un periódico o escuchando una emisora radial o televisiva. Si esto ocurre con los hechos actuales, ¡qué no habrá pasado con lo supuestamente sucedido en el pasado!. Tenemos la sensación de que al leer la historia nos enfrentamos a una serie de mentiras, de engaños, producto de las confabulaciones del momento en que fueron redactados los hechos, que nos hace desconocer en su mayoría la realidad de los sucesos explicados.

Y siguiendo con esta diatriba... ¿Qué habrá ocurrido con aquellas personas, que habiendo realizado verdaderamente acciones serias, honorables, valiosas para la humanidad, al tener que enfrentarse a los corruptos sinvergüenzas de cada época no tuvieron una pluma que dijera "éste hombre existió e hizo tal cosa". En el fondo de nuestro corazón respetamos el sentimiento que tenemos hacia ciertos líderes, que aunque en verdad no hayan sido perfectos, tenemos que reconocer que realizaron grandes cosas por la humanidad, entre los cuales no me da temor escribir el nombre de Jesucristo, de Ruiz Díaz de Vivar o de Bolívar, pero denigro fehacientemente de otros como Atila, Genghis Kan, Darío o Napoleón, que fueron psicópatas de la peor calaña, a pesar de su fama de excelsos. Tengo en mente algunos del siglo XX. que por estar demasiado recientes tienen todavía demasiados adeptos, que harían peligroso incluirlos en alguna nomenclatura.

---oOo---

CAPÍTULO II

Desde el comienzo de los tiempos siempre ha surgido alguien que ha ideado la forma de hacerse superior a los demás utilizando algún recurso de su imaginación. Esa imaginación obviamente casi siempre se ha basado en lograr la mayor productividad con el menor esfuerzo posible, pero como cualquier cosa que queramos obtener requiere de trabajo, y alguien debe cumplir ese trabajo, el supuesto líder pensador siempre fue el encargado de seleccionar quienes serían los tontos que harían el trabajo gratuitamente para él. En épocas remotas el gran sacerdote de un clan, tribu o poblado, basándose en el supuesto misterio arcano que presentan todas las religiones, lograba que los sujetos obligados a seguir su doctrina realizaran labores en beneficio de ese dios inventado, y que en el fondo era realmente el tal sumo farsante sacerdote. Hoy día tenemos diversas sectas que a títulos parecidos consiguen que sus feligreses les den porcentajes de sus ganancias, para satisfacer las necesidades de sus almas pecadoras. No decimos los nombres, pues todos sabemos quiénes son, y que van desde las grandes religiones monoteístas, hasta los pobres diablos que usan como dios a cualquier representante luciferino.

Durante lapsos extensos de la historia de este pobre animal humano que se cree casi dios, los líderes religiosos han sido prácticamente los gobernantes, ya que en muchos casos los reyes, o eran nombrados por los mismos líderes monoteístas o necesitaban la aprobación de éstos para poder ser entes reinantes. Claros ejemplos los tenemos en la gran civilización europea de los dos pasados milenios, en la cual no se movía una brizna sin el permiso de algún papa, cardenal o relacionado. Es indudable, que este fenómeno en gran parte tenía su base en la ignorancia de los componentes de nuestra especie, que no porque alguien llegara a ser rey o reina implicaba que fuera genio, pues son notables los casos de reyes y reinas plenamente estúpidos, gobernados por sus grandes visires occidentales, que en casi todos los casos estaban relacionados clericalmente. En el pasado ser clérigo era similar a ser político actualmente, aunque en aquellos tiempos se habían unificado los criterios y se utilizaba a un único dios como el chivo expiatorio de todas sus sinvergüenzuras, (sinvergonzuras), mientras que actualmente, como mínimo tenemos dos tendencias opuestas, la de los de izquierda y la de los de derecha, aunque todos sabemos que son tan bandidos los dirigentes de los unos como de los otros, y que en verdad no buscan el beneficio de los corderitos de su rebaño sino tener su alcancía bien llena y sus amplios abdómenes satisfechos en exceso.

Tratemos de buscar un dirigente político actual que sea verdaderamente benefactor de las mayorías humildes; prácticamente no existe, y si lo hay, el pobre está tan escondido entre las hienas que le rodean, que no podemos apreciar su sabiduría. Podemos analizar el doble caso de los de izquierdas y los de derechas, o llamémoslos modernamente, revolucionarios y capitalistas. Los primeros ansían, usando la teoría de un señor que antes de escribirla debió haber sufrido algún trauma psicológico que le alteró las funciones cerebrales, mediante la cual teoría los bienes deben ser repartidos por igual entre todos; y que es algo que

18

nunca se ha dado, pues los líderes de tales corrientes filosófico-políticas, en efecto, le han quitado al trabajador lo que tenía guardado para dárselo a los flojos que no daban un golpe para ganarse el pan, pero siempre dejando la mayor tajada para esos honorables dirigentes políticos de izquierdas que previendo futuras etapas de debacle y hambruna depositaban en bancos de los llamados paraísos fiscales, lo que a escondidas, muchas veces, y otras en forma descarada, le quitaban a sus súbditos, engañándolos con largos discursos repetitivos, de contenido subliminal, preparado por los psicólogos cómplices de tales artimañas.

Y yéndonos al lado opuesto, a los derechistas, es decir a los capitalistas, que auque la palabra derecha la relacionan con clero, en realidad su sentido justo y cabal es la de "dinero". Un ejemplo clásico lo tenemos en la Europa Occidental, plenamente civilizada según reza en muchos manuales para escolares, que permiten que un señor que maneja dineros de otros haga préstamos a intereses desorbitantes, para después quitarles el inmueble a las pobres víctimas, y aún así, obligarlas a seguir pagando lo que ya no poseen, dado que les ha sido arrebatado por los entes bancarios. ¿No es ese el mejor signo de la vagabundería existente en el capitalismo?. No existe ninguna justificación para obligar a pagar lo que no te han dado, pues si en un tiempo te lo entregaron, también te lo han arrancado de las manos, es más, ¿qué pasa con los dineros ya entregados por el pobre adquiriente del inmueble, que paga rigurosamente durante años la parte de capital que le corresponde mensualmente, más los intereses del dinero que todavía no ha cancelado?. Lo correcto, en un ambiente de verdadera justicia, es que al recibir un inmueble ejecutado hipotecariamente, se le restituyan los pagos de capital, aunque no los intereses, y esa persona quede libre de otros pagos adicionales. Todo este engendro de maldad, de usura, de desprecio a los valores humanos, es protegido por los impecables gobernantes de esos supuestos países civilizados de Europa, que en realidad son cómplices de tales crímenes, y los cuales, son adulados por los amos del dinero como los líderes del adelanto y del progreso mundial.

¿Con qué cara un gobierno de tal calaña, que fabrica armamento y lo vende a precios de lucro, para que los pueblos de inferior cultura, ambiciosos de poder mutuo, se destrocen mutuamente, y pueda tener veto en las decisiones de una asamblea de naciones en que la gran mayoría está formada por pueblos esclavizados por las grandes potencias?. Esa es la moderna civilización, que solamente ha cambiado las formas de comportamientos pero no el fondo de sus intenciones. Tan psicópata nació el hombre de Neanderthal, como lo es actualmente el más celebrado líder occidental de un país del primer mundo.

Algunos pensarán que muchas de esas cosas son disculpables debido a la evolución y desarrollo intelectual el hombre moderno. A ese respecto es bueno hacer algunas aclaratorias:

Es cierto que nuestra civilización ha permitido un desarrollo en la forma de vida que hace mucha diferencia con la que mantenían nuestros antepasados antediluvianos, pero hemos de hacer algunas consideraciones al respecto, con la finalidad de determinar la verdadera cuantía de esos cambios.

Si en la época de las cavernas el macho tomaba a la hembra por los cabellos y la arrastraba hacia cualquier rincón cavernario para poseerla en contra de su voluntad, hoy día son numerosos los miembros del sexo varonil que golpean a sus mujeres si no les gusta la comida que prepararon o no le quitaron las arrugas al pantalón que piensan usar para ir de farra. ¡Y qué digamos de las pobres hembras musulmanas, que aún naciendo en países que en un tiempo fueron la cúspide de la civilización, hoy día, actualmente, son mantenidas en esclavitud, obligándolas hasta a cubrirse el rostro, porque la fotografía de esas caras sólo las pueden ver los machotes bestiales que son sus dueños salvajes!. Es más, todavía queda algo peor: En el pasado las mujeres eran sometidas, pero generalmente por instinto, ya fuera gestacional o de propiedad, pero nunca cometían los atroces ritos macabros de apedrear a esas pobres e indefensas mujeres, por hechos tan simples como el de tener como amo a un viejo baboso, (a lo mejor homosexual), que les repugnaba, y con el cual la habrían obligado a casarse sus estúpidos familiares, tan bestias como el actual esposo. ¿Tener hasta cuatro esposas?. Es decir, un rebaño de esclavas, lo cual no los diferencia mucho de los trogloditas cavernarios que buscaban aparearse con varias hembras simultáneamente.

En los ejemplos anteriores vemos claramente que en vez de avanzar, estamos retrocediendo, pues en pleno siglo XXI, es inconcebible que la gente asesine a sus semejantes porque con eso creen que se ganan el Edén de su anticuada religión. ¡Qué acto tan inhumano, además de estúpido, salvaje y todos los epítetos denigrantes que pueda a uno ocurrírsele, el saber que hay sujetos fanáticos, enloquecidos por sus líderes religiosos, que se rodean de explosivos y creen convertirse en héroes haciéndolos explotar cuando están cerca de otras personas!. Nosotros, los que creemos tener un mínimo de inteligencia lógica, sabemos que eso es una barbaridad que sólo puede ser ideada por mentes enfermas, pues tan estúpido es suicidarse, como el creer en lugares celestiales del Más Allá.

Afortunadamente, existe una pequeña fracción de la Humanidad, que es la que ha permitido, a pesar de todo, ir avanzando lentamente en un supuesto inteligente progreso, que aunque aparentemente, está siendo aprovechado por todos, tiene como realizadores a un tan exiguo número de personas inteligentes, que solamente pensarlo nos causa pavor. Ejemplos:

Veloces vehículos, de forma aerodinámica, ideados por gente inteligente, pero deteriorados desde su fabricación, por los intereses monetarios de los depredadores humanos. ¿De qué nos vale poseer un bello vehículo, aparentemente útil, que funcionando correctamente apenas tendrá un corto lapso de tiempo de utilidad?. Serían preferible vehículos con menos adelantos científicos, pero que duraran más tiempo; claro está, que ello implicaría no vender repuestos, y no poder poner todos los años nuevos modelos a la venta para satisfacer el gusto de los idiotas y el bolsillo de los fabricantes usureros. Y lo mismo que hablamos de vehículos lo podemos hacer extensivo a cualquiera de los miles de productos que bajo cualquier pretexto publicitario, son comprados por las débiles mentes de los dignos herederos de aquellos trogloditas cavernarios.

Lo dicho anteriormente es una especie de preámbulo para tratar otro aspecto importante, como es el de la mínima cantidad de desarrolladores de los adelantos y la ingente muchedumbre de los que apenas saben usarlos, porque no tienen inteligencia para tal cosa. Es el caso de los mismos automóviles, que independientemente de su belleza o durabilidad, son utilizados por gente que apenas saben mantenerlos por el canal de la vía por la que circulan; que desconocen los reglamentos del tránsito, porque consiguieron la licencia con un gestor, o porque siendo acaudalado, sobornaron al que les hacía el examen.

CAPÍTULO III

Si no fuera por la existencia de profesionales, que sean capaces de poner a funcionar un equipo, aunque carezcan del manual del fabricante, estaríamos en manos de los múltiples técnicos especialistas, que apenas saben mover un tornillo usando el manual de uso, y que desconocen el verdadero funcionamiento de esos complicados equipos. Esos ejemplos pueden hacerse extensivos a muchas profesiones, tales como la electrónica, en donde los equipos solamente duran hasta que sufren la primera avería, pues después nadie sabe reparar ese modelo, salvo que lo remitas al fabricante, el cual te cobrará más por repararlo que por enviarte uno nuevo. Y el caso de la medicina en donde gran parte de los especialistas son lectores de estudios de laboratorio, y desconocen cualquier otra parte del cuerpo que no sea la que estudiaron mecánicamente. Loados sean aquellos médicos antiguos, que sin tener muchos recursos de equipos eran capaces de diagnosticar enfermedades, y en la medida de poder recomendar los medicamentos conocidos para sus épocas obtenían remedios relativamente mucho más eficaces que los que logran proporcionalmente los actuales graduados universitarios. Afortunadamente tanto en el primer ejemplo como en el segundo, aunque muy escasos, tenemos, tanto técnicos en electrónica, como médicos, que sí son capaces por sí mismos de resolver un problema, aunque les falle el equipo de diagnóstico.

Dado que este libro está escrito tratando de aportar datos sobre la estupidez de nuestra especie, creemos que un buen ejemplo es el de los suicidas, ya mencionados anteriormente, que son incapaces de darse cuenta de que los jefes que los dirigen, desde sus oscuras oficinas situadas en una mezquita, un cuartel o una cueva, jamás se han expuesto personalmente a realizar esos supuestos actos de heroísmo, dado que estos sujetos saben que están utilizando carne de cañón, rebuscando entre los más idiotas de sus correligionarios.

Y ¿qué podemos decir de esos diezmos y prebendas económicas que exigen voluntariamente bajo la amenaza velada de no ir al cielo, que inventaron susególatras creencias demoníacas?. Constantemente se están creando nuevas iglesias de diferentes religiones, tan numerosas, que sobrepasan los millares en cualquier lugar, cada una de ellas dirigida por un captador de tributos, que hizo votos de pobreza comprándose lujosos vehículos y mansiones principescas a costas de lo que les aportan los incautos seguidores de su bondadoso dios, sea santo o pagano. Algunas de esas sectas pseudo-religiosas imponen costosas ceremonias que básicamente deben ser cubiertas económicamente por el aspirante a convertirse en santo quitándose sus pecados.

Actualmente lo que impera es el poder económico, tanto en religiones como en partidos políticos, sindicatos, colegios, y tantas y tantas otras instituciones que se protegen de la opinión pública portando elegantes nombres registrados ante las autoridades cómplices de tales desmanes. Ya pasaron los tiempos en que los clérigos satisfacían su morbosidad escuchando de labios de las mujeres las ociosidades que cometían a hurtadillas, pues ya eso no les causa ningún interés, ya que el que más o el que menos se olvidó de su celibato y a veces sale de farra como cualquier hijo de vecino. Tampoco tenemos los rostros morbosos de viejos babosos manejándose de inquisidores, protegidos por sus realezas cómplices, que so pretexto de buscar brujas, satisfacían sus más bajos instintos sádicos, lujuriosos, con las pobres mujeres destinadas al tristemente rito de la prueba de la verdad, símbolo de la más monstruosa barbarie realizada por el ser humano, superior a la asolación de las tierras invadidas por el necrófilo Atila o el divino César, pero sí tenemos que pagar cuantiosas sumas para poder realizar el sagrado rito del matrimonio eclesiástico, o asistir a cursos extravagantes, que casi nunca aportan nada más que hacer perder el tiempo lastimosamente.

Recordamos con tristeza, por la estupidez cometida, cuando con el ánimo exaltado durante la fogosa juventud que intenta hacer cosas grandes a cualquier costo, tratando de ingresar a una famosa secta de simbólicos dibujantes de origen egipcio, que exigía el pago y el padrinazgo de gente acaudalada, obtuviéramos como resultado, que al no poder realizarlo por falta de tales recursos y de tal padrinazgo, debimos inscribirnos en otra secta parecida, de aparente menor importancia, que enviaba instrucciones por correo; instrucciones que habría que cancelar rigurosamente en dólares, y que posteriormente, a consecuencia de los avatares de los controles de cambio, al no tener acceso a tal moneda tendríamos que abandonar, tuviéramos, ya sea, un bajo, o un elevado grado de iniciación o desarrollo que hubiéramos querido asumir, pagadero en cómodas cuotas mensuales.

Todo, actualmente, se mueve bajo el dominio del dinero. Si no tienes dinero, ni comes, ni te puedes educar, ni puedes viajar, ni tienes esparcimiento, y ¡válgame Dios!, ni siquiera conseguirás una pareja digna para conformar un hogar honesto.

Y aquí es donde comienzan los males dirigidos por las diferentes mafias. Mafias del dinero, como son los bancos; mafias de la droga, dirigidas por quien menos piensas que es el jefe; mafias para trabajar, dirigidas por sindicalistas corruptos; mafias universitarias, que no te dan el grado si no eres de su tendencia política; mafias religiosas, que te llaman ateo y hasta te excomulgan si no aportas colaboraciones y rezas todos los días a sus ídolos con forma de santos, ángeles, diablos, o africanos latinizados.

No queremos polemizar en cuanto a la existencia o no de lo que propugnan las diversas religiones. Bástenos saber que éstas fueron inventadas en una época arcaica en que el ser humano era tan torpe como lo sigue siendo hoy, y que creía que la lluvia era producto de matar a un ciervo, como hoy se piensa que es producto de rezar ante una imagen. En miles de años no hemos adelantado prácticamente en nada, salvo en incrementar el salvajismo, la brutalidad, la bestialidad, propia de seres no racionales, inferiores al chimpancé o al orangután, y que necesitan copiarse mucho de los delfines y de otros animales no tan salvajes como creemos. La sola existencia de creyentes, similares a muchos de los que habitan en las regiones sometidas al Islam, ya sean pakistaníes, afganos, talibanes, o sectarios yihadistas, o de tantos otros sitios donde el intento de pasar de ser del cuarto mundo al menos a un tercero, es casi imposible por la existencia de sacerdotes, imanes, caudillos, jefes tribales, que solamente incitan al odio del que no es como ellos, es decir, idiotas, o que profesan creencias que les hacen competencia, como es la típica controversia entre cristianos y musulmanes, existente ya desde aquellos bienamados tiempos cervantinos de las Cruzadas, en donde nuestro insigne autor quijotesco perdió una mano, cortada por el alfanje de un sarraceno.

<u>CAPÍTULO IV</u>

Mientras unos poquitos han descollado entre todos, cual si fueran elementos venidos de otro planeta, la gran masa de humanoides es cual un ingente rebaño de ovejas, que muchas veces al ver asomar al perro pastor que desea guiarlos, se convierten, paradójicamente, en auténticos lobos. Podemos ver a una multitud en una sala de cine, riéndose a pierna suelta de las simplezas de algún cómico desgastado, y observándolos, diera la impresión que son seres llenos de bondad, que disfrutan su momentáneo esparcimiento con la inocencia de un niño educado, pero en el fondo no son tal cosa. Si por un pequeño error del camarógrafo se interrumpe la sesión medio minuto, o tal vez unos pocos segundos, esas ovejitas simpáticas que reían estrepitosamente, de pronto se convierten en fieras gritando obscenidades, exigiendo que le devuelvan su dinero, y hasta destrozando butacas, es decir, les sale el instinto primitivo exaltado por emociones psicopáticas, que solamente les hace pensar en su propia satisfacción, sin siquiera imaginar la angustia que pueda estar viviendo el pobre trabajador, que hasta arriesga su empleo, si su jefe es incapaz de tener sentimientos emparejados con la lógica humanista. Y si en una carretera, a un automóvil se le detiene el motor por alguna falla no prevista, sentimos el corneteo incesante de los aberrados choferes que quieren brincar por encima del pobre carrito accidentado. O podemos estar sentados en un restaurante, y por cosas que pueden ocurrir, por más limpio que sea el local, cae una mosca en la sopa de un comensal; veremos al pobre mesonero, que ni sabe por donde entró la tal mosca, no sabiendo como defenderse de los improperios que recibe gratuitamente por no saber domesticar a los insectos salvajes que entraron a su local.

Vayamos a una escuela, especialmente las secundarias, en donde los muchachos y muchachas, que generalmente lo único que saben hacer es sentarse en su pupitre, aparentando escuchar al profesor, y que so pretexto de hacer tareas por internet, se escapan al local más alejado, para ver pornografía, o usarlo como pretexto sutil para vagabundear por la ciudad, y quien sabe qué otras cosas más. Luego, al llegar a su hogar, su trabajo es ver televisión, hablar por teléfono, y exigir al papá que le aumente el sueldo semanal, y a la mamá que les atienda en los más mínimos detalles. Ésos son los humanos del futuro, los que nos llevarán al engrandecimiento de cada respectiva patria... sujetos que sin haber aprendido a hacer nada, salvo copiarse en los exámenes, fumar drogas a escondidas, o tener sexo en forma indebida, le destrozan el automóvil al profesor que califica su ignorancia con notas inferiores a lo requerido.

Debemos ser justos, reconociendo que no en todos los países del planeta ocurre exactamente igual, pues hay algunos lugares donde la gente parece más fina, y las mata callando de otra manera, así como hay otros, que ni siquiera tienen agua para beber. Estamos hablando de los promedios, y al decir promedios, indicamos, que por un lado hay personas infinitamente peores de lo que estamos mencionando, mientras que por el otro extremo, hay sujetos que merecen la pena ser considerados como personas decentes. Las diferencias son tan notorias que en algunos países de Europa las manifestaciones generalmente las hacen los gays y lesbianas, los cuales gozan infinitamente desfilando desnudos en las calles y plazas, dado que esas son las aspiraciones de la gente sin oficio y poco útil a la sociedad, o quejándose de la corrupción de algún banco en particular, que los defraudó de los elevadísimos intereses que pensaban cobrar sin haberlos trabajado, en las cuales situaciones, tan sinvergüenzas son los banqueros estafadores, como los depositantes que aspiraban a ganancias inusitadas, y que se satisfacen incendiando contenedores de basura, desconociendo la gran utilidad sanitaria de limpieza y salud que desarrollan, independientemente de que tantos zánganos inútiles se complazcan en destruirlos. Por otro lado, en estos lares por donde andamos, bastante lejos de la civilizadísima Europa, aquella de los descendientes de la Inquisición, cuyos componentes están emparentados lejanamente con los actuales apedreadores de mujeres, y que aún siguen teniendo caracteres genéticos similares... nos satisfacemos haciendo barricadas en las calles, que algunos dieron en llamarlos *guarimbas,* sin que sepamos realmente que significa esa palabra,

35

incendiando cauchos, lanzando piedras para romper vidrios de automóviles, y otras tantas bellezas propias de adolescentes que quieren que les suspendan las clases antes de tiempo, para dejar de ir a la escuela.

Ese es el panorama de los humanos de nuestro sagrado siglo XXI, durante el cual pensamos ir por lo menos a Marte, aunque todavía no sabemos como educar a nuestros hijos para que no berreen, si no les cargan en brazos.

Y ¿qué piensan nuestros queridos lectores de cosas como las que sigo repasando en este fastidioso librito de autocríticas, (y digo autocríticas, porque me acabo de dar cuenta que yo también pertenezco a esa estúpida especie humana).

Antiguamente, aunque lógicamente no en la época de las cavernas, en un intento de la humanidad por hacer cosas correctas, valiosas y honestas, te fabricaban unos ventiladores, especialmente los americanos de USA, que te duraban años, años y más años, sin que tuvieras que desarmarlos para hacerles arreglos. Simplemente tenías que cuidar de echarles de vez en cuando una gotita de aceite en una grasera que traían todos, y que caía directamente sobre los rodamientos del eje del motor, y que permitía una lubricación casi eterna. Hoy día, esos mismos ventiladores, que han perdido la mitad de su peso, (y no precisamente porque hagan ejercicios físicos), tienes que desarmarlos completamente cada semana, para cambiarles los rodamientos, que algunos llaman *bujes* y que carecen de las bolitas propias de un engranaje de verdad. A lo sumo aceptan que les eches alguna grasita que dura de un día para otro. Lo interesante de estos ventiladores es que una vez que se detuvieron por primera vez, lo hacen con tal frecuencia, aunque les cambies todas las piezas, que para conservarlos vivos, tienes que estarlos vigilando, aún mientras duermes, para que si se detienen las aspas, lo desenchufes, pues si no lo haces, el motorcito se quemará con toda seguridad, y como el repuesto vale más que el ventilador, pues al envase de la basura. ¿Será eso inteligencia o estupidez?. Claro, siempre están por medio los negociantes, que no son tan estúpidos como sus miles de clientes, y que necesitan que tales objetos se dañen con frecuencia para que les compres, si no los repuestos, al menos otro ejemplar que los sustituya.

Si vas a comprar un litro de leche, de la que antiguamente adquirías en un lugar llamado lechería, porque de verdad vendían leche, aunque la mezclaran con agua, te encuentras que te la entregan en un envase, que dependiendo del país y del tipo de marca, será de vidrio o de papel encerado. En ambos casos, el tal envase vale tanto o más que la misma leche, pues, no es solamente el material del que estén hechos, ya sea vidrio o cartón y cera, sino el trabajo de imprimir en costosas litografías la propaganda que dice tantas cosas, con las que puedes saber desde el nombre de la vaca de la que lo sacaron, hasta también, de qué está formada la tinta con que escribieron el nombre de la marca, pero que tiene, generalmente, fecha de caducidad que no se corresponde con aquella en que la leche comienza a saber mal. ¿No era mejor llevar un envase vacío, y pedir un litro de leche que te dispensaran desde un envase tipo tonel con grifo, y que te permitiría darle el doble de leche a tus hijos, pues te ahorraría el costo del papel cartón y de la cera?.

Fíjense que en algunos lugares del planeta, en el nuestro, por ejemplo, el agua vale más que la gasolina, pues un litro de agua, que en realidad no sabes si es de cañería o si de verdad ha sido purificada, te la venden por x unidades monetarias, mientras que la tal gasolina vale la décima parte de una sola de esas unidades monetarias. ¿Absurdo, verdad?.

Y como es lógico, dado que mirando en un libro que tiene la palabra "estupidez" en una de sus esquinas superiores, y que nos remite al significado en la parte baja de esa misma página, y que reza: "f. Torpeza notable en comprender las cosas./Dicho o hecho propio de un estúpido. Antónimo: "listeza", vamos a continuar desarrollando los diversos ejemplos que nos permiten explicar nuestra intrínseca relación con tal término lingüístico.

---oOo---

CAPÍTULO V

Ha existido mucha diversidad en cuanto al uso de vestimenta, pues a través de los tiempos, observando los cambios, como si estuviéramos viendo el maniquí de la película La Máquina del Tiempo, vemos la gran diversidad de estilos, algunos de ellos, tan ridículos, que nos impelen a reírnos descaradamente, y otros que nos hacen pensar si el modisto estaba loco o cuerdo; pero como estamos en el último siglo de nuestra actual historia, nos referiremos a lo que se usa hoy en diversos lugares de este tercer planeta del sistema solar:

Si vamos a la playa, observamos un museo andante de protuberancias femeninas, que usan algo que dicen que es ropa de bañarse; pero que consultando a cualquier araña, indefectiblemente nos dirá que fue fabricado por una de ellas. Si eso es ropa, yo soy albañil en vez de escritor, y estoy amasando una mezcla de cemento y arena lavada para escribir en la pantalla de mi computadora. Para llevar eso que dicen ropa, mejor no lleven nada, pues seguramente nadie notará la diferencia, pues ropa de verdad sería la hoja de parra que vestía Eva, comparada con la que llevan las aspirantes a *misses* de playa. Y no solamente con las damas, pues los llamados caballeros, lentamente, se van acercando a lo mismo, y sobre todo si tienen tendencias gay. ¿Para que tanto misterio, cuando en la ciudad el viento levanta una falda y la mujer se sonroja y mira con odio al que la miró... si luego en el baño playero salen sin nada puesto y se sienten felices?.

En tiempos del siglo pasado, después que el gran Edison nos salvó de la oscuridad, un bombillo eléctrico, que en las instrucciones indicaba que duraba 500 horas, pero que en realidad alcanzaba fácilmente las mil, se compraba a unos precios asequibles a todo el mundo, al menos a los que no pedían limosna sin éxito, pero actualmente, que inventaron los blancos o de neón, en sustitución de los incandescentes, en verdad hay un ahorro de energía, pero no de tu bolsillo, pues amén de que actualmente, en nuestro país, noviembre del 2014, (esta corrección de la segunda edición se hace en octubre del 2016), valen x unidades monetarias, en la televisión te indican que duran mínimo cinco años, y además con garantía, pero a la menor subida de tensión en la línea ya no te sirve, y si recurres a los antiguos, que andan por las x/10 unidades monetarias, te duran menos, pues el calor hace que se desprenda el casquillo conector. ¡Qué maravilla la inteligencia humana, cómo se supera!.

Muchas de las cosas que estamos diciendo no se aplican a aquellos países que mal que bien tienen su propia industria, y que a pesar de tener tantos zamuros usureros que los encarecen, todavía disfrutan de objetos de cierta calidad, especialmente si son fabricados en Europa, en cualquier país del Continente Americano, o en Corea del Sur, Taiwán y Japón, pues en todos los demás lo que se fabrica para exportar parece ser que lo hacen para cambiarlo todos los días, pues a veces, antes de usarlos la primera vez, ya vinieron dañados de fábrica. ¡Con qué frecuencia compras un juego de destornilladores, y al tratar de aflojar o apretar un tornillo se le suelta el mango!. Y no digamos de esas prensas mecánicas que intentando apretar una pieza para trabajar en ella, se cae al suelo porque se rompió la tal costosa prensa por la mitad.

A veces el problema no es por la calidad sino por la forma, ejemplo de ello lo tenemos en esos interiores masculinos, que ya dejaron de ser los típicos calzoncillos, que te permitían cómodamente realizar tus necesidades higiénicas, sin ningún tipo de inconveniente, y que además, eran lo suficientemente recatados para que no te acusaran de exhibicionista o gay. Actualmente los fabrican con elásticos, tipo bikini femenino, sin abertura para el uso emergente producto de ingerir líquidos. Suponemos que en el lugar donde los diseñaron la clientela posiblemente era nudista, exhibicionista, o simplemente con tendencias homosexuales, que les hacía sentir placer vistiendo prendas femeninas. Actualmente, si quieres conseguir un modelo adecuado a tu forma de interpretar la estética, y sin que te presione la circulación provocándote várices o similares... ¡No lo consigues, ni que ofrezcas una millonada!. Eso es estupidez, y lo demás es cuento.

La barbarie que impera en nuestra especie, no solamente es respecto a objetos de uso común, sino en el arte, que dejó de llamarse tal cosa para denominarlo negocio artístico. Veamos:

A pesar que no hemos sido todos genios, al menos siempre ha habido alguno que si lo ha manifestado en mayor o menor grado, veamos en pintura el caso de los incomparables Velázquez, Rubens, Tintoretto, o de varios cientos más, los que imprimían en sus obras pictóricas, no solamente su conocimiento técnico de los materiales empleados, sino también, y lo más importante, la emocionalidad dada en el íntimo contenido de cada representación. La Capilla Sixtina no podría jamás ser elaborada pictóricamente por un inepto, un torpe; es más, ni siquiera por un individuo normal, sino por un Michelangelo Buonarrotti. Hoy día tenemos muchos que se creen Miguel Ángel, y que para realizar una obra buscan diversos potes con diferentes colores de pintura, un lienzo en blanco, sin fondo, y lanzando el contenido de los envases al mismo tiempo, en forma tal que cubran gran parte de dicho lienzo, dejan que chorreen las gotas, y una vez seco, mirando con ojos de la más tierna estupidez, imaginan que tal adefesio es algo con forma, y le dan nombre. ¡Y de esos tipejos hay muchos que son célebres, y hasta millonarios!. ¿Por qué lo son?. Porque sus admiradores son los humanos con cerebro de amiba, de los que hablamos en este libro, y que son la gran mayoría del orbe.

Ahí no queda la cosa, pues nos vamos a meter también con los músicos, que actualmente son incapaces de emular a Strauss o Ravel, y mucho menos a Tchaikovski o Falla. Estos sujetos, aunque compongan, nunca pasarán de ser músicos, pues nunca serán verdaderos compositores; y sabemos de algunos, que siendo célebres, apenas saben leer solfeo, pero no escribirlo. De ahí han salido piezas ruidosas, retumbantes, disonantes, arrítmicas, con letras obscenas o ridículas, que vuelven locas de emoción a las masas de ignorantes en arte, los cuales son capaces de gastar su sueldo en un día, para ver el concierto de un favorito, que no pasa en verdad de ser un vivo negociante que se aprovecha de la estupidez de su público para ganar dinero, dinero y más dinero.

Tampoco podemos olvidar la literatura, y muy especialmente la poesía, de la cual, esos célebres "poetas" que hasta consiguieron puestos académicos, son incapaces de escribir un poema que tenga además de consonancia o asonancia, sentido y medida, el ritmo que debe poseer un verdadero poema. Tales sujetos desconocen el uso de las cláusulas, ya sean trocaicas, anapésticas, yámbicas, dactílicas o anfibráquicas, fabricando unos escritos casi parecidos a lo que hacen los pseudo-pintores del chorreo de pintura. Ni siquiera alcanzan a realizar una buena prosa, pues tratando de hacer poemas, no realizan ni lo uno ni lo otro. Lo peor del caso es que contamos con auténticas celebridades que con frecuencia aparecen en muchas enciclopedias como si fueran genios. ¡Dios nos salve confesados!.

Vamos a ser algo fastidiosos, y terminaremos hablando de los supuestos escultores, que hacen unos tales adefesios, que para saber lo que representan tales figuras hay que preguntárselo al autor o leerlo en el folletín de su exhibición.

CAPÍTULO VI

La existencia de los templos, creamos o no en los seres que se veneran allá, indudablemente, es muy útil. En ese ambiente, sobre todo en el de los templos antiguos, de altas cúpulas, amplias salas y velamen encendido, y esencias emitiendo delicados olores, podemos ponernos en un estado de auto-contemplación, en donde se nos hace mucho más fácil analizar nuestro comportamiento y el de los demás; siempre y cuando, desde luego, que sean templos de ambiente serio, silenciosos, que colaboren por su estructura y entorno a concentrarse en tales pensamientos. En esos lugares, si nos abstraemos de las creencias supersticiosas propias de todas las religiones, y nos centramos en la lógica realidad de nuestra existencia, estaremos en mejor capacidad de entender el curso que están llevando nuestras acciones, y en una u otra forma podrá ayudarnos a proyectar un cambio de ruta que nos beneficie, tanto materialmente como espiritualmente. Una gran cúpula nos hará imaginarnos dentro de un mundo inmenso, tal vez inaccesible; el silencio respetuoso de los circunstantes nos hará sentir algo de respeto hacia nuestros semejantes; los olores y las luces penetrantes, los unos, y difusas las últimas, nos darán la sensación de que estamos siendo purificados de nuestros errores. No necesitamos acudir a un confesionario para denunciar nuestros pecados, así como en el Muro de los Lamentos de algunas religiones basta con la intención de estar en tal lugar, y pensar igualmente con respeto, en esa reconsideración conductual. El que sea creyente de lo que proyecta emocionalmente la ilusión de un ser infinito, obviamente no quedará perjudicado por creer en tal cosa, pues ello no interferirá con la lógica de la razón que puedan llevar sus pensamientos sinceros. Entregar una dádiva, ya sea como limosna o como deber, tampoco afectará el buen pensar de tal creyente, pues lo importante en tales casos, es tener la firme voluntad de realizar el cambio beneficioso tanto para su misma persona, como para los semejantes que le rodean.

En el pasado, fueron muchas las personas que dentro de su devoción por las creencias que les impartieron sus antepasados o sus tutelares, en ese estado semi-místico que se obtiene cuando estamos en un lugar que se cree sagrado, se producen reacciones emocionales importantes que deben ser muy respetadas. No importa que ese templo sea una iglesia cristiana, una sinagoga judía, una mezquita musulmana, o una pagoda budista, pues el efecto será semejante, independientemente de las creencias propias de cada quien en su respectiva religión. Lo grave verdaderamente ocurre cuando impera el fanatismo, y que dentro de esa irregular forma de pensamiento, queramos que todos sean iguales que nosotros, y que todos hagan lo que nosotros creemos correcto. En ese momento la imperiosidad de nuestras ideas y de nuestros propósitos pierden el valor sublime de la auto-conmiseración propia, para convertirse en el monstruo que desea dominar todo y a todos. Esa es la parte negativa de todas las religiones, que en muchos casos, cuando son manejadas por personas de calidad poco recomendable, psicópatas en potencia, como lo son todos los líderes de cualquier índole, nos convierten en las bestias en que sus dirigentes transformaron a aquellos que matan a sangre fría a inocentes mujeres, niños o ancianos, para apoderarse de territorios que dicen ser suyos porque ellos mismos lo decidieron, apoyados por cómplices de tales actos de terror; o también de aquellos que amparados en falsas creencias de bienestar eterno, asesinan a los supuestos infieles que no comulgan con sus creencias, y que piensan absurdamente, que incinerarse los llevará a la gloria de sus aspiraciones extraterrenas.

Lamentablemente, la mayor parte de las veces, los santuarios que debieran ser de la paz, del amor y de la justicia, se convierten en los centros de adiestramiento de terroristas sin sentimientos humanistas, capaces de asesinar a sangre fría a quien sea, con tal de satisfacer sus caprichos religiosos o de poder.

Casos típicos veraces de tales designios extra-humanistas los tenemos en la conducta de Hitler, que so pretexto de eliminar el poder económico de una secta religiosa, tratando de destruir el foco de la usura y de la corrupción más abyecta, en realidad sacrificó a millones de seres inocentes, que aún siendo de tal religión, no merecían tal destino cruel. Y también el de los líderes de AlQaeda, que so pretexto de luchar contra un imperialismo, del cual ellos mismos en un tiempo formaron parte, asesinaban sin ningún tipo de control a víctimas consideradas únicamente en forma numérica, sin constatar sus verdaderos sentimientos de ser humano ante tales políticas. Lo mismo que hicieron los romanos cuando decidieron eliminar a los cristianos, aunque en ese caso hubo dos vertientes seguras, la primera: la de aquellos que los consideraban enemigos del régimen, y en cuyo caso su eliminación les permitía controlar su seguridad personal y administrativa, y un segundo grupo, que creyendo en dioses múltiples, en pro de su dios o dioses hacían algo semejante a lo que actualmente cumple la supuesta nación islámica recién creada con disidentes de su propia fe, con instintos semejantes, o aún peores a los de las ratas depredadoras. Vemos que el pasado y el presente hay numerosos puntos de contacto, que aún pareciendo diferentes, son casi iguales en muchos aspectos.

Cualquier se humano actual, si pudiera ser liberado de sus características genéticas asesinas, psicopáticas, crueles, y por ende anti-humanistas, podría convertirse en un individuo en paz consigo mismo, que produjese bienestar común, tanto para sí como para sus semejantes. Lamentablemente, nuestra relación genética con nuestro pasado salvaje está casi intacta, los pequeños cambios que puede haber habido a través de la evolución de la especie, no han sido todavía suficientes, por la rapidez de tales cambios, para determinar la aparición de un ser diferente al Pithecantropus Erectus, y aunque seamos diferentes en la forma externa, nuestros sentimientos más profundos son similares.

En el fondo, el uno por ciento de los seres humanos domina al otro noventa y nueve. Ese primer uno por ciento generalmente es el más ambicioso, pero también el más determinado a lograr sus propósitos. Si para que me aumenten el sueldo debo hacer ver que mis compañeros de trabajo son de baja calidad laboral... pues les daño a escondidas su trabajo, en cualquier forma que esté a mi alcance, ya sea quitándole un informe de su legajo, borrándole datos de su computadora, o hasta provocándoles accidentes para que queden incapacitados. Logrado el nuevo puesto, hay que dominar a la empresa, y entonces hacemos lo mismo con los gerentes, relacionándonos en forma oculta con la competencia, etc. Logrado este propósito nos interesa dominar el grupo que trabaja en el área de mi empresa; para ello me convierto en líder, asistiendo a las llamadas del Colegio o Sindicato, y creando las situaciones propias que hagan considerar a mis colegas que yo soy el mejor. Dominado el gremio, quiero llegar más alto, y a tal efecto me meto en política, llegando a lo mejor a senador, diputado o hasta a ministro relacionado con mi ramo. Posteriormente, logrado ese objetivo hago campaña electoral y a través de una intensa propaganda, que pagarán instituciones con las que me comprometo a colaborar si salgo dirigente máximo de ese país, consigo al fin alcanzar la suprema administración. Pero no estoy conforme, y quiero llegar a dominar al mundo, y para ello empiezo a hacerme amigo de los países cuyos gobernantes piensan parecido a mí, y creo, en base a ese conocimiento, un grupo de naciones.

Posteriormente, como yo fui el creador de tal grupo, me erigen en el dirigente máximo de esa zona del continente. Cuando ya me siento super-poderoso, aspiro a dominar más arriba, y al efecto consigo que me nombren presidente de algo así como de algo parecido a las Naciones Unidas; mas, finalmente, me doy cuenta de que en ese supremo cargo mundial, quienes mandan son todos menos yo, pues lo que yo propongo me lo vetan, si va en contra de los intereses de los más antiguos en la competencia. El Día que viajemos a los planetas, seguramente intentaré ser presidente del Universo, y seguramente lo conseguiré, pues soy un gran psicópata, y puedo lograr cualquier cosa hundiendo a los que me rodean. ¡Ese es el líder del uno por ciento de la población actual!. Es escalofriante pensar que tal sujeto existe y que ha existido, aunque en algunos casos se fueran al Cielo.

El noventa y nueve por ciento restante, ya sea por inercia, por pereza, por ignorancia, por incapacidad, por desinterés, o porque su inteligencia todavía no ha superado la del chimpancé, simplemente sigue cual corderito en su rebaño lo que les ordena hacer su dirigente, es decir, su amo, pues realmente son esclavos de su estupidez.

Un caso típico, que es frecuente en estas zonas tropicales del planeta, es el de aquellas personas trabajadoras, que teniendo que sufrir una operación, o porque están en un estado tal que no pueden trabajar, solicitan reposo médico a quien le está tratando, y éste se lo da, porque indudablemente, el médico es un señor graduado universitario, que hace mucho, mucho tiempo que superó al chimpancé y a muchos más monos, entre ellos a la mayoría de los monos humanos. Cuando tal comprobante de reposo lo presenta en su trabajo, (que a lo mejor es un ministerio), la persona encargada del departamento de personal le indica que no puede aceptarle el reposo si no lleva estampado el sello de aprobación del Seguro Social Obligatorio del respectivo país. Haciendo de tripas, corazón, es decir, a lo mejor presentando alta fiebre, o sufriendo dolores intensos, por decir algo, pues también podría ocurrir que esté en silla de ruedas, se presenta al tal Seguro Social y le informan que debe presentar la solicitud antes de las 72 horas, pues si no lo hace así no será aceptada, (menos mal que lo hizo el mismo día); posteriormente le indican, (después de estar preguntando a diferentes personas, porque nadie sabe en realidad qué hay que hacer), te dicen finalmente que debes buscar la planilla del Seguro, presentar copias de tu cédula de identidad, llenar unos formularios, donde conste si estás o no cotizando, después tendrás que ir a buscar tu Historia Médica, aunque nunca hayas ido a tal Seguro Social a tratarte médicamente, y al final después de largas e intensas horas, soportando largas colas que te obligan a ir varios días para conseguir que te atiendan, te ponen un sellito para una cita, en la cual supuestamente, te va a ver un médico, que es el que va a aprobar el reposo. ¿Reposo?. ¡Qué ridiculez!, si conseguir la autorización para tal reposo médico te ha obligado a realizar más esfuerzo que si tuvieras que ir a tu trabajo, realizar centenares de copias de informes médicos, exámenes de laboratorios, que significan un elevado gasto, pues generalmente debido a que la tinta de la impresora vale un ojo del rostro, pues el cartucho te dura cien copias solamente después de haberte arruinado en su compra, si usas esa célebre multifuncional impresora en tu hogar, prefieres ir a una copiadora que te cobra una exigua cantidad por cada una, en comparación con hacerla tú mismo, y todo eso para que te den la aprobación de tal reposo; eso sin contar que a lo mejor para salvar alguna cola, tienes que dar propinas cuantiosas a alguien para que te ceda el puesto, sobre todo si eres un anciano de ochenta años, como este servidor, que no soporta estar de pié esperando un turno. Esa es una prueba fehaciente de la Gran Estupidez Humana, de la cual trata este librito, y que verán, (pues no estamos mintiendo),como ocurre en este moderno país manejado por gente "muy capacitada". ¿Qué ocurrirá en otros lugares, especialmente del centro de África o en remotos lugares de Oceanía, donde todavía a un descuido te meten en una olla para desayunarse?.

Y estamos hablando de reposos de una operación que a lo mejor llevas años intentando conseguir que te la realicen, pues generalmente los seguros son muy ágiles en cobrar las pólizas, pero muchas veces, para que te aprueben la consabida carta aval, debes invocar al diablo que te hala los pies cuando estas en tu cama. Cuando al fin te sale el tan codiciado documento, te avisan con al menos una semana de retardo, y hasta que lo obtienes pasa otra semana adicional. Tomando en cuenta que la mayoría que esos señores se permiten poner fecha de vencimiento de 21 días, lo que te queda de tiempo es una semana para que te hagan los exámenes preoperatorios, pidan cupo en el quirófano y que te operen, lo que te obliga a perder varias veces la tal Carta aval; y debes pedir renovación, tanto del presupuesto de tu clínica como de ese documento. Caso curioso es que a veces al renovar el presupuesto, con una semana o dos de diferencia, ya te aumentaron el doble el costo de la operación.

Tomando en cuenta estos hechos, que ocurren en países que tienen acceso a las supuestas malvadas innovaciones del capitalismo avasallante, no nos causa sorpresa que haya lugares, donde esperpentos humanos talibánicos, hagan orgías macabras alrededor de una hoguera, para determinar a quien de los que está allí le va a tocar entregar su alma a Alá, suicidándose al mismo tiempo que asesina a todo aquel que no se apellide

Hassan o Tombuctú. Claro que ésto, no solamente lo realizan los cavernícolas islámicos fundamentalistas, sino que también lo realizan los habitantes de aquellos países, que en su larga lista de benefactores de la humanidad tienen nombres tan honrosos como el Einstein, y que sienten inmenso placer asesinando a niñitos y a mujeres asustadas, usando armamento propio de la Guerra de las Galaxias, so pretexto de que las piedras lanzadas por los bebés o las viejitas pueden hacer explotar las plantas nucleares que están listas para atacar a los descendientes de los persas, o a los usuarios atemorizados de las tierras donde nació el gran líder religioso Jesucristo.

CAPÍTULO VII

Cuando un famoso médico oftalmólogo te devuelve la visión implantándote un lente intraocular que te devuelve prácticamente la vida, después de haber sufrido las enceguecedoras cataratas durante años, tú dices "Gracias a Dios que existe gente tan valiosa capaz de hacer tanto bien a la humanidad", pero si saliendo de operarte, en una manifestación de zánganos vagos, te lanzan una botella y te arrancan el ojo completo, no te queda más remedio que maldecir a ese tipo de humanoides que te volvieron a dejar ciego. Si al menos el porcentaje de gente inteligente, fuera igual al de la gente estúpida, podríamos tal vez vivir en un mundo mucho mejor, pero como ya hemos indicado, y a lo mejor nos hemos equivocado en el porcentaje, ya que bien pudiera ser menor para los unos y mucho mayor para los trogloditas, la proporción, a grosso modo es de uno a 99, las esperanzas de felicidad son casi nulas

Si hemos llegado a la Luna, fabricado las Bombas Atómica y de Hidrógeno, resuelto la cuadratura del círculo, y descubierta la cadena genética del ADN, es debido a la actividad cerebral de solamente unos poquitos, tan poquitos que pueden colocarse en un solo libro llamado Enciclopedia, a pesar de tantos coleados en esas obras. La mayor parte de los demás, lo que realizan es satisfacer sus instintos biológicos, necesidades secundarias como el alcoholismo, la drogadicción, lecturas obscenas, programas informáticos pornográficos, asistencia a celebraciones ruidosas con música antiestética, y que a fuerza de repetición se les convirtieron en necesidades, que unidas a las primarias de alimentación, autodefensa o conservación, y a la preservación de la especie, los cataloga en seres incapaces de ayudar al progreso de la Humanidad, que actúan como aves rapaces, devorando lo que inventan los escasos sabios existentes.

Si dentro de un recinto, donde debido a cualquier circunstancia, ya sea un rito religioso, una celebración especial, un espectáculo público, o por cualquier otro motivo, reunidos en aparente camaradería, aparentando gozar el ambiente en forma sana y diligente... a alguien se le ocurre gritar ¡fuego!, seguramente hasta ese momento duró la seriedad, el sentimiento de compañerismo, o cualquier emoción de tipo humanista. Todos, seguramente, saldrán desesperados, empujando al que esté por delante, pasando por encima de él, si fuera posible, buscando la salida en la forma más desconsiderada e inhumana que podamos imaginar. Automáticamente se han convertido en perros rabiosos huyendo de los osos que los atacan, como si estuviéramos en la era de las cavernas. Ninguna diferencia existe entre los sujetos de aquel tiempo y los de ahora. Lo único que les importa son ellos mismos, es decir, son psicópatas cien por ciento. Tal vez exista una madre que trate de salvar a sus hijos e intente protegerlos con su cuerpo de tal huída en barbarie, pero son tan escasas tales experiencias que prácticamente son inexistentes, ya que estas emociones y sentimientos donde permanecen más estables y permanentes es en ese otro único uno por ciento no mencionado anteriormente, que permite el lento, y en algunos casos, inútil y escaso desarrollo humano.

Las modas imperantes en cada región del globo terrestre nos dicen mucho del comportamiento de cada habitante en particular, que diferencia en mucho a unas regiones de otras. En algunas partes de nuestro planeta, las personas que se tienen como educadas, instruídas, y respetuosas del prójimo, suelen usar atuendos tales, como llevar mangas largas y corbata, cuando asisten a su oficina de trabajo, o en el caso de los trabajadores del campo, utilizar ropa que les permite soportar las inclemencias del tiempo, soportar las picadas de insectos u otros animales, amén de permitirles facilidad en el desempeño de sus labores, ya sea manejando un tractor o recogiendo guacales. En ningún caso se está utilizando la moda para presunción, ya que casi todo el mundo acostumbra vestir en forma similar. Sin embargo en otras regiones de nuestro mundo, el que lleve esos atuendos será considerado un petulante, sobre todo si el lado izquierdo de la política es el imperante, en cuyo caso, hasta los directores o gerentes deben ir en franela o camisa de mangas cortas, y en algunos casos, hasta en camiseta, pues si no lo hacen así son considerados contrarrevolucionarios capitalistas. Vemos que las diferencias entre unos y otros son tan grandes que pareciera que viviéramos en mundos diferentes.

El lector dirá que nosotros mismos caímos en nuestra propia trampa, pues estamos demostrando el que es falso que los seres del pasado son iguales a los de ahora, dado que si hay diferencias entre los de una misma época, con más razón la habrá entre dos etapas diferentes de nuestra evolución. Estamos preparados para enfrentar la respuesta, y es por eso que decimos con toda claridad, que no nos estamos refiriendo en este libro a los aspectos externos, a las apariencias, a las formas secundarias del humano comportamiento, sino que únicamente nos interesa comparar los sentimientos profundos, propios de la especie, tanto en los primeros tiempos evolutivos como en el actual supuesto progreso. El ser humano, tanto que lleve o no corbata, que lleve o no casco protector, o porte botas, zapatos o sandalias, en el momento de la verdad funciona en base a los instintos primarios, y los secundarios son dejados de lado. Lo mismo defiende su patrimonio el Troglodita, el Conde de la Edad Media, el Santo Padre de la Inquisición, el Guerrero de las Cruzadas, el Sacerdote en su Confesionario, el Médico en su Consultorio o el Abogado en su Buffette. También se comportan igual los Monjes de un Monasterio Tibetano, que los Sindicalistas de un Gremio; el Patrono de una Empresa, o el Presidente de un Gobierno, al igual que también lo hace este humilde escritor defendiendo lo que dice a costa de cualquier cosa. Todos dicen que ¡Lo mío es solo mío...! y tristemente, en muchos casos le alargan el texto diciendo: ...¡y lo de los demás también!.

Puedes imaginarte que un sujeto, que sabe que el vecino se está volviendo loco por tener relaciones con su pareja, cosa que es ruín y cruelmente premeditadamente asesorada por la Madre Naturaleza, y que pensando en ella ni duerme, ni come ni va a trabajar... que el tal sujeto se apiade y le diga a su compañera: "Fulanita, ve un rato con el vecino, a ver si se calma, y se cura de sus problemas". ¡No, desde luego, nunca se encontrará tal cosa, y es bastante lógico pues hacerlo se interpretaría en forma muy diferente a lo que humanamente se podría entender. Nadie hace un favor a otro, si ese favor es a costa de sí mismo. Y eso es inherente a nuestra especie, y en cierto modo es bastante razonable tal comportamiento, pero si algún día llegáramos a superarnos verdaderamente, es posible que el sujeto del que hablamos le diga a su compañera: "Ve, Fulanita, quítale un poco la locura a ese señor, pero cuidado si tiene sida o algo peor, y no lo mal acostumbres". Tal vez eso sería un verdadero comunismo, que lo de uno es de todos, pero nosotros, por ahora no estamos preparados ni para cumplir la doctrina del señor Marx, ni para ceder en algo tan personal como nuestra pareja.

Aunque para todo hay excepciones, con respecto a esos instintos primarios, esencialmente los de conservación, y en este caso los de alimentación, pongamos el ejemplo de unos exploradores perdidos en lugares donde no hay alimentos, ya sea un desierto, un islote, o una balsa en el mar. Los miembros del grupo perdido pudieran muy bien ser hasta hermanos, o padres e hijos, o cualquier combinación que se nos pueda ocurrir. Durante los primeros días, agotaremos todo lo que sea comestible, desde correas de cuero, cucarachas, si las hay, ratones, como manjar exquisito, etc., pero cuando no hay ya nada de nada, empezarán las miradas suspicaces entre unos y otros, preguntándose; ¿Quién de nosotros es el más débil y que no podrá resistir el hambre?. Y al final, a ese señor, para hacerle el favor de que no sufra, será convertido en pedacitos, que hasta crudos se lo comerán si no hay forma de hacer fuego. El instinto de conservación, que era corriente entre los caníbales antropófagos del pasado, y de los poquitos que aún perviven aisladamente en algunos lugares, saldrá a relucir en esos exploradores modernos del siglo XXI que antes de morir matarán al más débil para su propia conservación. ¡Claro que puede que haya una madre que no querrá comerse a su hijo y preferirá matarse, pero de todas formas, el grupo hará suculento manjar de ambos. Aún, en el caso de la madre y de su hijo, y ya para exagerar un poco, tengamos en cuenta que la madre estaría actuando protegiendo la conservación de su especie, que es un instinto primario como el de la alimentación y que en ese caso perdería su valor emotivo sentimental.

CAPÍTULO VIII

Los hechos que ocurren con frecuencia, contrarios a la lógica y al sentido común, pueden identificarse a través de muchas situaciones, veamos otra:

Hay países, de los llamados desarrollados industrialmente, que son capaces de producir artefactos, equipos u objetos en general, muy elegantes, con muchas innovaciones científicas, y que verdaderamente representan la manifestación de un gran esfuerzo inteligente por desarrollar tecnológicamente la capacidad intrínseca de disfrutar de una vida más placentera, a través de la gran comodidad que otorgan, pero estos artefactos son producidos en lugares donde también hay facilidades de intercambio frecuente de tales equipos, e inclusive existe una gran producción de repuestos de muy fácil adquisición. Tomemos como ejemplo simple la correa de los tiempos de un vehículo moderno, con el tensor correspondiente y su polea, todo lo cual, en *kit* se consigue en USA por 57 dólares (año 2014). Hace apenas un año, ese mismo equipo, en nuestro país, se compraba por 1000 Bs., (año 2013), es decir, el equivalente a 120 dólares, que es el valor promedio que cobraba el gobierno a los importadores que solicitaban divisas para traer mercancía, cuyo precio, aunque excesivo, se justificaba en parte por el transporte desde el Norte del continente hasta nuestra nación. Esa misma, correa con el equipo correspondiente, en estos momentos (Noviembre 2016) tiene un costo de 150.000 bs., es decir el equivalente a 150 veces más. Para disimular un poco la pueden vender por partes, a saber: 80.000 bs. la correa en sí, y otros 70.000 bs el tensor con polea. ¿Cómo se ha podido producir ese aumento gigantesco de más de una gruesa de veces el precio anterior?. Veamos las causas:

a) Escaso otorgamiento de dólares a las empresas corruptas que los utilizaban para beneficio propio, dejando en el exterior la mayor parte de las remesas entregadas por el gobierno, lo cual provoca una especie de revancha de los comerciantes bandidos, en contra del ente que les otorga tales divisas.

b) Aumento simultáneo del precio del dólar comprado ilegalmente, que permitía a los comerciantes, justificar matemáticamente, lo que no podían hacer lógicamente, pues muchos de ellos tenían mercancía acumulada, acaparada con anterioridad a precios viejos, o bien, a pesar de seguir recibiendo dólares, en cantidad suficiente para cubrir las necesidades, seguían utilizándolos subrepticiamente, para sus propios fines.

c) Obligatoriedad de ceder al chantaje de los usureros del comercio, dado que esa pieza, y más fundamentalmente la correa, preventivamente debe cambiarse cada 30.000 kilómetros so pena de doblar las válvulas del motor, lo cual, debido al abuso tanto de vendedores de repuestos como de mecánicos, representa al menos la mitad del costo del vehículo.

Cómo se verá por una parte está el uno por ciento de psicópatas, ladrones, abusadores usureros y aprovechadores de la necesidad ajena, y por el otro ese noventa y nueve por ciento, de débil mentalidad, que se ven obligados a ceder al chantaje de esos líderes sociales. En este caso la estupidez humana, obviamente no está en ese uno por ciento, pues ellos se pasan de listos, sino en el resto de la población que permite que tales cosas ocurran, pues si nadie comprara vehículos que doblen válvulas, pues los automóviles antiguos no lo hacían, y sus correas de tiempo no eran tales, sino cadenas de acero, casi eternas, los fabricantes que quisieran exportar a los pobres países del tercer o cuarto mundo tendrían que ser un poco más honestos, y al menos comprometerse a proveer los repuestos en forma razonable. ¿Qué diferencia hay entre el hombre cavernícola, que impedía que otras tribus cazaran en sus dominios, para poder ser ellos los únicos que tuvieran acceso a los venados u otros animales de su respectiva región, y los actuales jefes de tribus comerciales, llamadas con nombres registrados en unos libracos cómplices de los causantes de la miseria de la mayoría?. Prácticamente solamente difieren en la forma, pero no en el fondo.

Cuando hace unos treinta años, a alguien que tal vez vino del planeta Marte, se le ocurrió inventar la computadora personal, seguramente no estaba al tanto, ni remotamente, en su pensamiento, de la situación actualmente abusiva, descontrolada y por demás estúpida de los sistemas informáticos modernos. Veamos: En los primeros años, empezamos a gozar de las facilidades, que desde luego, no podemos desvalorar del uso de la PC. Es lógico, que ese producto debería haber sido mejorado, como hicieron en efecto, aumentando la velocidad, la capacidad de almacenamiento y muchos otros aspectos necesarios para el uso adecuado. Pero al empezar la competencia entre las diferentes empresas, y aún a veces, tal vez entre ellas mismas, esas innovaciones se fueron haciendo innecesarias, pues llegaba un momento que era la máquina misma la que decidía que es lo que debía hacerse, y no el escribiente. A tal punto que había, y los hay hoy, desgraciadamente, mucho peores, que queriendo corregir una palabra, porque lo que escribes no tiene nada que ver con el diccionario colocado en memoria, por más que haces no te permite escribirla como tú crees conveniente, o bien te pone números de párrafo donde no los has pedido. Si tú deseas escribir la palabra elocuente, el fulano programa te lo cambia por elocuencia, entre miles de ejemplos posibles. Lo peor del caso es que si no lees varias veces el texto se te pasa desapercibido o al descubrirlo piensas que te estás volviendo idiota. Es decir, tantas barbaridades, que al escribir usando uno de esos modernísimos programas, se te hace la vida muy difícil, y a veces es preferible tomar un papel y lápiz y mandar al diablo a tales equipos. Yo mismo, en esta obligada corrección que hago a mi libro, en esta segunda edición, debo quitar multitud de guiones piratas que se infiltraron al tratar de convertir un documento de Word en PDF, a tal punto que las personas que leían esta obrita en su primera edición decían: "Este autor debe ser idiota".

Pero, bueno, mal que bien, una vez que te acostumbras, y llegas a descubrir la clave utilizada para interpretar los manuales de uso, aprendes quieras que no, lo que ellos no supieron explicar bien, o tú mismo, por tu propia inventiva lo llegas a dilucidar, a descubrir, por el conocido procedimiento de ensayo y error de la ciencia moderna. Lo más grave empezó cuando inventaron el Internet, que en un principio era realmente útil, algo aparentemente maravilloso a los ojos de estos terrícolas ignorantes que somos, pero que actualmente representa una lucha a muerte contra los *cookies* que se te filtran, aunque les prohíbas que entren, y que a pesar de que borres todos los historiales del mundo no te dejan ver el programa que quieres observar en la pantalla de tu PC, porque se filtran al mismo tiempo veinte o más extraños, venidos del Más Allá que quieren prohibirte que hagas tu trabajo sanamente.

Te ofrecen antivirus, aumentos de velocidad, inscribirte en chats, contratar prostitutas... ¡Y no digamos de esos miles de *gifts*, que creen que poniéndotelos de frente en la pantalla te van a desviar de tus sanas costumbres sexuales, ya sea dentro o fuera de tus relaciones de pareja. Te ofrecen programas informáticos completamente gratis*, free,* como los llaman en el idioma de Shakespeare, y que después de que para librarte de tal propaganda decides dejar que se te instalen, soportando una o dos horas de paciencia, siguiendo el proceso de la tal instalación, durante el cual también se te colean otros varios programas que son socios del primero... al empezar a usarlos te indican que se pasó el tiempo de prueba, aunque no hayas realizado ni siquiera la primera de tales pruebas. Inmediatamente te presentan las opciones de pagar con Visa, Master, o cualquier otro financiamiento confiable. Tienes que proceder a eliminar los tales programas, y lógicamente abres el Panel de Control y lo buscas, cuando crees que el sistema te lo borró descubres que todavía existe y que al intentarlo de nuevo empieza a llorar como un bebé preguntándote por qué lo abandonas. Vemos que aquí hay una mezcla de psicopatía, propia de los bandidos que tratan de influenciar tus decisiones de trabajo y uso, y de una estupidez, tratando de que te hagas eco de su majaderías.

Actualmente lo que más nos asemeja a nuestros antepasados trogloditas es la permanencia tan persistente y obsesiva de las religiones. Ellas son las culpables de gran parte de las desgracias que nos aquejan. Por culpa de sus aleccionadores nos volvemos en seres sin mentalidad propia, prosélitos del fanatismo. Realizamos ritos que benefician al fabricante y vendedor de velas, escapularios, rosarios, estampitas, imágenes, libritos, incienso, mirra y estoraque, y tantas cosas, o bien si te bautizan, te confirman, te casan o te dan el adiós eterno, siempre estarás en situaciones en que habrá cosas que tendrás que preparar aunque no te alcance el sueldo para tales trámites... Y estamos hablando de la menos exigente de las religiones, de aquella en que nos obligaron a creer cuando éramos niños, y que a fuerza de golpes y sacrificios ordenados por los clérigos, a lo mejor tenías la suerte de adquirir fuerzas suficientes para abandonarla por propia decisión. La cosa se pone peor con las religiones nuevecitas, inventadas por señores comerciantes de la teosofía, mediante las cuales a lo mejor tienes que vestirte por completo, impecablemente, demostrando que tu corazón está puro y sin mancha; tendrás tal vez que sacrificar inocentes animalitos que no tuvieron la culpa de tus tonterías, o siguiendo con otras fanaticadas de las muy nuevas, aquellas que son medio judiciales, pues al leer su nombre te convierten en testigo de todo, y que conjuntamente con otra emparentada con la primera de las que hablamos, te obligan "voluntariamente", so pena de castigo eterno, a cancelar diezmos, es decir, a darle a un señor que vive a lo grande, cien dólares de cada mil que ganes con tu esfuerzo. ¡Claro que las hay peores!. Multitud de pequeñitas sectas, casi regionales, que tienen un líder o amo que esclaviza a sus pocos adeptos, pero que les quita todas las plumas desde el pico hasta la cola. Muchas de ellas en vez de un dios tienen un diablo, que para el caso es lo mismo, pues el fin de tal existencia es la de enriquecer a algún vivo aprovechando la experiencia del que ya lo hizo y a lo mejor está enjaulado por tal cosa.

---oOo---

CAPÍTULO IX

Existen dos religiones que ameritan párrafo aparte, y las cuales son totalmente opuestas, y las cuales son el budismo, y el islamismo. El primero, tal vez sea la más humana de todas las religiones, pues quitándole algunos aspectos rituales poco lógicos, filosóficamente están más cerca del verdadero bien común que todas las demás existentes. La segunda, ¡Dios me perdone, si existe!, es la detentada por los supuestos hijos de Alá, que por su fanatismo exagerado, los convierte en asesinos, en criminales de la peor calaña; le ganan en atrocidades a todas las demás jamás existentes en el planeta. Estos sujetos, basándose en unas reglas escritas en un texto que en un tiempo era muy útil, dada la extrema ignorancia de los humanos de la Edad Media, actualmente dicen que las interpretan, pero desde el lado negro más maquiavélico. Si el autor de tal texto, pudiera levantar su cabeza de entre los muertos, se avergonzaría de que las buenas ideas que trató de exponer a los animales humanos de su época, sean

77

utilizadas en este momento por los líderes religiosos actuales, (que en realidad no profesan el verdadero islamismo, sino simplemente una adaptación creada por ellos para tener el pretexto de asesinar a quienes no comulgan con sus ideas psicópatas); para cualquier cosa que realizan, hasta para ir al baño a hacer sus necesidades, utilizan palabras supuestamente extraídas de su libro sagrado, el cual no dudamos, en efecto, que posea tal carácter de sagrado y que merezca tal denominación, pues las primigenias ideas concebidas por sus autores merecen el más profundo respeto, al igual que el de los cristianos y el de los judíos, pues fueron recopiladas sus normas con el firme propósito de hacer un bien común a las sociedades malsanas de sus respectivas épocas. Estamos plenamente seguros que jamás su Gran Líder de la Edad Media, lo redactó, para que lo utilizara gente con ojos tan sucios como los de los actuales asesinos del Islam Fundamentalista, que de verdad, creemos, que no son verdaderos mahometanos, y que en realidad lo que ejecutan a sabiendas, es una parodia para convencer a los imbéciles que se maten siguiendo los dictados de sus cobardes jefes, los que nunca se han suicidado, y que como siempre, obligan a hacer tales estupideces a sus esclavos descerebrados.

Tristemente, tenemos que concluir que la labor civilizadora, moderadora, pacificadora y social que en su tiempo crearon a través de sus doctrinas esos Grandes Hombres de la Humanidad, como fueron Siddharta Gautama Buda, Jesucristo o Mahoma, que impusieron centros religiosos, tales como Jerusalén, Santiago de Compostela o La Meca, tomándolas como las ciudades santas o dignas de tal nombre, en la actualidad no se correlacionan con un habitante terrestre del siglo XXI, habiéndose convertido, especialmente Jerusalén en motivo de guerras, discordias, masacres, y también de esclavitud femenina en el caso del Islam Fundamentalista, con sede momentánea en el País de los Talibanes, (aspirante sin esperanzas a dominar Afganistán, Siria, Irak y Pakistán). Todos sabemos que los fundamentalistas actuales, apedrean hasta la muerte a inocentes mujeres que no hacen lo que sus amos les piden que realicen, y hasta les obligan a tapar su rostro como si fuera una vergüenza ser mujer. Asesinan hasta a quien deja manchar una hoja de su libro, lo cual sería semejante a como si un católico asesinara a una niña porque dejó caer la sopa de su alimento, por descuido, en una estampita de la Virgen del Carmen. ¡Absurdo!. ¿Verdad?. Esa es la actual gente del Islam, que no se parecen en nada a la de los tiempos del Califato de Córdoba.

A pesar de la inutilidad práctica de las actuales religiones, si debemos reconocer que en el pasado, en términos muy generales, hablando desde los tiempos de Jesucristo en adelante, pasando por Mahoma, y tal vez hasta el siglo XIX, en el que empezamos a ser algo más civilizados, cumplieron una importante labor de moderación de la estúpida conducta humana, sin llegar a resolver, en ningún caso la grave problemática de nuestra absurda ignorancia voluntaria. Gracias a ellas, muchas personas meditaban y eran capaces de reconsiderar su conducta, aunque lamentablemente, siempre hubo, tal como hemos mencionado en alguna otra parte de este libro, los vivos interesados, que las utilizaban para su propio provecho, tal como hicieron los bandidos de la Inquisición, en la que viejos babosos, repugnantes, so pretexto de hacer justicia divina, en los sótanos de sus conventos violaban impunemente a inocentes mujeres; o la también vergonzosa, de que utilizando la proximidad por amiguismo o parentesco de alguno de esos sádicos Sumos Inquisidores, incineraban a quienes consideraban sus enemigos, en forma totalmente gratuita, inventándoles supuestas y estúpidas relaciones con inexistentes demonios.

---oOo---

CAPÍTULO X

Veamos algo sobre las leyes existentes en algunos países de nuestro amado planeta: Hay lugares, donde está tan arraigado el primitivismo troglodita, que son incapaces de entender que la sana crítica es algo fundamental para el progreso de los seres humanos. Si todos aceptáramos siempre cien por ciento lo que designan otros, al no haber posibilidad de cambios estaríamos condenados al ostracismo, sin esperanzas de mejorar o de superar los problemas que pueda uno tener. En esa situación bárbara, que es normal para algunos millones de seres de mente tan pobre, ocurre fácilmente, que una hormiguita sería capaz de convertirse en su jefe. Tenemos a ciertas ramas del islamismo más retardatario, en donde hasta proferir una palabra en contra de lo que está escrito en una copia moderna de lo que fue grabado a la manera de su época, por los años seiscientos de nuestra era, es motivo para desaforadas venganzas religiosas peores que si fueran canibalescas. En base a esa norma de la Edad media, actualmente se han consumado crímenes atroces de personas que en un momento de descuido tal vez dijeron algo, automáticamente, y seguramente en forma inconsciente, pero que fue escuchado por alguna de esas ratas enfermas del actual fundamentalismo psicópata, que tienen oídos para todo menos para saber donde encontrar trabajo, y lo cual les ha producido el éxtasis cuasi divino de poder acusar a un supuesto hereje y mandarlo asesinar por los bestiales jueces de sus sectas fanáticas. Miles de cristianos han sido sacrificados por las hordas diabólicas del Estado Islámico, de los Talibanes, y de tantas otras ridículas instituciones fabricadas por las mentes obscenas de sus líderes, ya sean sacerdotes o terroristas de tales plagas sociales.

El solo hecho de saber que existe en el mundo el fundamentalismo islámico, con todas sus atrocidades, bestialidades, y brutalidades propias de la más absoluta carencia de inteligencia, es motivo suficiente, para que nosotros, los demás habitantes de este planeta complicado, nos sintamos avergonzados de ser seres humanos iguales a lo que biológicamente son esos canallas del Infierno de Dante. Esos detestables seres, con su actitud enferma están ofendiendo constantemente a los nobles valores consagrados por su gran Profeta y lo expuesto en su bello y honorable texto coránico, al igual que durante los tristes siglos de la Inquisición los Supremos líderes religiosos de esa funesta institución, ofendían con su comportamiento los designios que Jesucristo dio a conocer, para llevar a efecto su gran obra social, y que posteriormente fueron recogidos por sus adeptos en ese también bello y honorable texto que llamamos Biblia.

¿Cómo podremos salvarnos de tal ignominia?. La única verdadera solución es la extirpación en masa de todos esos aberrados. Aquel día en que no quede ningún fundamentalista, y que todos los demás musulmanes, (aunque no hayan entendido que actualmente las religiones son un fracaso), sea cual sea su doctrina, al menos sigan los dictados de su líder Mahoma, cumpliendo las formas en que este buen hombre trató de aleccionar y explicar en su Corán, indicando como deberíamos comportarnos humanamente, para que así fuera aceptado y seguido por todo ese lote de gente ignorante, los cuales, sin tener ninguna guía que los orientara, prácticamente de un estado casi nato de delincuentes en potencia, pasaron a ser salvados conductualmente; (mayoritariamente, en gran parte, por las enseñanzas que les impartió su muy explícito libro sagrado). Aclaremos que ésto también se adapta para los fanáticos de otras religiones, incluyendo la nuestra.

Aunque son muchas las atrocidades ejecutadas por las diversas religiones a través de la historia, solamente nos preocupan en este momento las que existen actualmente, pues lo hecho, hecho está y no tenemos ningún interés en rememorarlo. Hemos hecho una gran mención a los fundamentalistas islámicos porque en estos momentos son los que están intentando destrozar la sociedad humana, y ante cuyos hechos, todos los demás actos de otras diversas religiones o sectas se quedan tan pequeños que casi no los detectamos. De entre los otros menos importantes podemos identificar los que tratan de destruir la integridad de las naciones, como es el caso en España de los terroristas de la ETA, y los corruptos que propugnan la independencia de Cataluña. Ambos, luchando por un beneficio estrictamente propio, se han olvidado totalmente del bien común. Actualmente, dadas las condiciones de integración universal en progreso, los pequeños países no pueden supervivir. Se necesita la colaboración entre unos y otros para aprovechar mutuamente, sin multiplicar los costos, todos aquellos adelantos o ventajas que puedan obtenerse a través de la producción, los tratados, o la comercialización. Debemos seguir luchando, lentamente pero en forma segura, para lograr que en algún momento de la historia de nuestro futuro, todo el planeta seamos una unidad que nos llamemos Tierra, y no Sokovo, Chipre, Cataluña o Vasconia. Ese será el único momento en que estaremos en capacidad real de emigrar a otro planeta, cuando nuestras costumbres licenciosas terminen de destrozar nuestro ambiente natural. Aunque nos parezca algo muy lejano, en realidad está más próximo de lo que piensa la mayoría, y lo correcto es empezar a precaverse, no para nosotros, que no lo veremos, pero si para nuestros hijos, nietos y biznietos, que llevarán nuestra sangre, y por lo tanto serán parte a futuro de nosotros mismos.

Hay algunos países, que aún a sabiendas de que reducen algo su capacidad económica, aplican normativas que regulan el tipo de pesca, de caza, y la emisión de contaminantes, pero la gran mayoría elude esos controles en forma subrepticia, utilizando recursos corruptos en los que interviene muy eficazmente el soborno, o simplemente le hacen oídos sordos a lo que decide la mayoría. ¿Por qué no todo el planeta firmó en Kioto?. Porque los intereses económicos de los dueños del mundo, que apenas es un mínimo porcentaje de la población, no ha podido permitir que sus fábricas sean sometidas a control, o que gasten algo más de dinero en la conservación de su medio hábitat. Para esa gente lo más importante es el dinero, y todo lo demás les importa un bledo. He aquí otra demostración de la Gran Estupidez Humana, que en esta oportunidad es realizada por los "inteligentes" jefes de los medios de producción y sus banqueros aliados.

CAPÍTULO XI

Otro aspecto de nuestra civilización que nos da mucho que pensar, es el hecho de que en nuestros países, democráticos cien por cien, en los cuales los derechos humanos tienen una relevancia fundamental, se protege en forma inusitada al que delinquió, en forma tal, que cualquier protesta realizada por el individuo detenido o por sus familiares, generalmente es tomada muy en cuenta en prensa, radio y televisión. Al delincuente lo mismo le da asesinar a una persona que a cien, pues la pena máxima se aplica una sola vez, y ésta está sujeta a numerosos beneficios que hacen que el homicida múltiple salga en libertad nuevamente para seguir segando vidas, porque los preconizadores de los derechos humanos los protegen en una forma inusitada.

Algunas veces nos hemos puesto a pensar en esos derechos humanos, pero de las víctimas, de aquellos que en una tumba fría dejaron abandonadas sus ilusiones, sus ansias de felicidad, de gozar de la presencia de sus hijos esposas o esposos, o de aquella madre que después de sufrir largamente para desarrollar en su vientre el fruto de su maternidad, y posteriormente alimentarle, darle cariño y protección, de pronto, por el capricho de un asesino, pierde en un instante a quien tal vez ya de anciana la protegería de lo que nunca en esta sociedad psicópata alguien será capaz de defenderla. Nadie se molesta a veces ni de publicar una esquela mortuoria, salvo que el difunto sea alguien muy conocido, ya sea por razones sociales, políticas o religiosas, y en ese momento toda una pléyade de investigadores resuelven en un momento lo que para el resto de la población resulta imposible.

De esto que mencionamos podremos observar que el delincuente tiene preferencia sobre el ciudadano honesto. La víctima asesinada no tiene ninguna oportunidad de vivir una segunda vez y evitar que le vuelva ocurrir, mientras que el asesino tiene múltiples oportunidades de volver a hacer tal cosa sin que nada ni nadie verdaderamente se lo impida. Hay algunos países, en los cuales, las penas son acumulativas, y supuestamente no debería salir libre jamás, pero son muy pocos, y a pesar de tal cosa, aunque algo más justa que la expuesta anteriormente, en verdad no representa un verdadero castigo para el victimario, inclusive, hasta en algunos varios países, esos sujetos gozan de grandes prebendas en los centros de reclusión y se convierten hasta en jefes de pequeñas mafias que mandan más que las mismas autoridades, y desde cuyos centros de supuesta remodelación de su conducta, ordenan la ejecución de múltiples delitos en el exterior de los penales.

Está de moda que bandas de motorizados, todos armados hasta los dientes, con material más efectivo que el de las mismas policías, deambulen por los territorios de sus respectivos países sembrando el terror, que no puede ser controlado, porque los encargados de tales cosas están contaminados con el mismo mal, y es muy frecuente las balaceras entre policías buenos y policías malos, como si eso fuera algo lógico. Aquí vemos otra prueba de la Gran Estupidez Humana, ya que las instituciones que debieran ser para proteger, se han convertido en antros de delincuencia, y lo sucio está tan mezclado con lo limpio, que es muy difícil separarlo.

---oOo---

CAPÍTULO XII

¿Han visto ustedes a esos jóvenes de ambos sexos, gritando desaforadamente, saltando, corriendo, alrededor de algún artista de esos que a lo mejor se mueven un poquito, dan algún brinquito, y con voz entrecortada en idiomas foráneos sigue el ritmo de una música ruidosa, tratando de cantar alguna frase repetida una y mil veces, que al final no dice nada?. No estamos hablando de niños de seis u ocho años, que tal vez se emocionan viendo una simulación del pato Donald o del Ratón Mickey, cuando visitan Disney World o algún lugar preparado para la diversión infantil.... ¡No!. Estamos hablando de zagaletones, que ya están superando la mayoría de edad o casi la alcanzan, y que supuestamente son o casi son Bachilleres. ¿Cómo es posible que un artista tan banal, que generalmente hace su espectáculo en algún lugar público muy extenso, y que no se parece en nada a verdaderos buenos artistas como los tenores que cantan obras selectas, o bien los que realizan representaciones de obras clásicas de categoría donde intervienen verdaderos actores teatrales de justo renombre, pueda estimular a tan alto grado los sentimientos de unos individuos próximos a ingresar a una universidad, o que ya están estudiando en ellas?. Estamos hablando de música *rap*, de *reggeton*, de, y otras yerbas pseudo-musicales sin ningún valor artístico. Pues bien, señores, esos son los seres humanos del siglo XXI, muy similares a los cavernícolas que al ver un bisonte gritaban y lanzaban palabras mágicas para que el dios de la caza les ayudara a matarlo. La Gran Estupidez Humana de tiempos ya casi perdidos, equiparada a la misma característica centrada en sujetos de este maravilloso mundo tecnológico que ya sabe fabricar clones y trasplantar corazones y riñones.

Es obvio que estamos hablando de ese célebre noventa y nueve por ciento que hemos dado en cuantificar por poner alguna cifra, pero que tal como dijimos, a lo mejor ni se aproxima a la realidad, pues los humanos de esa misma edad, que componen el grupo del otro uno por ciento restante, seguramente están en su casa viendo un buen documental, leyendo un interesante libro, o escuchando algo de música de siglos pasados, ya que en este siglo no existen compositores capaces de hacer una obra que tenga valor artístico auténtico.

Es notorio el grado de deterioro que ha tenido la literatura moderna, claro está, salvo la honrosa excepción de los que siempre nosotros incluímos en el grupito privilegiado, así como en la música es frecuente escuchar letras de contenido vilmente obsceno, así en literatura ocurren cosas similares, y lo grave del caso es que las producen autores que tienen gran fama y que se han enriquecido con los derechos de autor de sus libros, claro, libros comprados por gente ignorante, que tienen tales escritos como si fueran obras sagradas y que hasta obligan a leerlas en las escuelas de segunda categoría. En poesía, prácticamente se ha perdido en su casi totalidad la delicadeza, la exquisitez rítmica, melodiosa de un poema métricamente bien elaborado. Los sujetos que dicen ser poetas, en realidad lo que escriben es prosa, con la que a lo mejor dicen cosas interesantes o bellas, pero nunca poéticas. Desde luego hay unas variadas y poquitas excepciones de auténticos poetas, que casi son desconocidos, porque generalmente los temas que escriben no están muy de acuerdo con la excesiva voluptuosidad y obscenidad de los actuales lectores, que prefieren leer una novelita rosa, o una novela dantesca, que sentarse a leer cómodamente algún escrito que llegue directamente al alma humana. Es obvio que la gente estúpida tiene que leer cosas de esas características, porque si no lo hacen, nunca entenderían lo que leen, y que es algo similar a aquel muchacho que para poder hacer amigos, tiene que ser uno de los mayores emisores de vulgaridades, y de palabras obscenas del grupo o pandilla, pues si no lo hace igualmente, como sus relacionados lo llamarían con algún apodo denigrante.

¿Por qué tenemos música mala, obras teatrales sin sentido, cuadros pictóricos de adefesios, literatura absurda, artículos muy bonitos, pero de mala calidad, ropas apretadísimas que impiden la circulación, vehículos elegantes que al dañarse no tienen repuestos, periódicos con noticias totalmente erróneas, películas de zombis que da lástima el pensar en tales tonterías, alumnos que si no les aprueban las materias destrozan el vehículo del profesor, zánganos que para suspender las clases hacen manifestaciones callejeras y queman neumáticos, etc., etc., y muchos más etc.?. Pues porque nosotros tenemos lo que queremos, lo que merecemos, lo que nos parece interesante, bueno, y conveniente. No es difícil imaginar las preferencias de la gente con cerebro de mosquito, con odio al trabajo y al verdadero estudio, y que están rodeados de multitudes iguales que ellos.

Ésto, obviamente, es común a muchas otras cosas, tales como a las religiones que profesas, al partido político en que te inscribistes, al sindicato donde estás adscrito, a los gobernantes por los que votastes, las profesiones que elegistes, los colegios donde estudiastes, y todas las cosas imaginadas y por imaginar que nos rodean.

---oOo---

CAPÍTULO XIII

Caminando por otros senderos de lo ilógico se nos ha ocurrido incluir las siguientes situaciones:

¿Han visto ustedes un programa de televisión, en donde supuestamente dicen chistes u otras cosas que aspiran a ser graciosas, y cada vez que el actor emite su part,e se oyen estruendosas risotadas?. Lo curioso del caso es que al siguiente chiste las risotadas, si alguien tiene la curiosidad de grabarlas observaría que son exactamente las mismas de la anterior, es decir, casualmente, cada uno de los que supuestamente que se ríen lo hacen en el mismo momento y con la misma intensidad, sea cual fuera el chiste. Esa es la prueba fehaciente de que el programa es tan malo, que para que los tontos televidentes lo vean, y crean que es divertido, tienen que incluir una cinta sonora al mismo tiempo que el video, para falsificar las risas que en verdad son inexistentes. En ese momento podemos darnos cuentas de quiénes son los que están viendo el programa y su capacidad intelectual. Los que se retiran o apagan el televisor son los que se dieron cuenta de que la risa es falsa y que lo que presenta el video en realidad no es divertido, Esos, indudablemente son los más inteligentes. Un segundo grupo, que a pesar de que los chistes no son tales, se ríen por una especie de contagio; son las personas fácilmente sugestionables, y de las cuales cualquier individuo con cierta picardía logrará convertirlo en su esclavo. Es decir, le venderá cualquier producto aunque tal objeto no lo necesite, o dirá que ese programa es excelente, aunque la risa que emitió no fuera por el tal programa sino por el contagio hipnótico. Estamos hablando, de ese segundo grupo, formado los pobrecitos que le dan nombre a este libro.

Antiguamente era costumbre, muy útil y sensata, de que a la hora de la comida, al sentarse en la mesa, se utilizaba una servilleta, como parte integrante del servicio de cubiertos y mantelería. Dicha servilleta, que era una pieza de tela, algo más grande que un pañuelo, y de tela más gruesa, se usaba para limpiarse las manos o la boca, cuando el acto de comer obligaba a ensuciarse las manos o los labios. También se podía emplear para protegerse el pecho o las piernas si caía algún pedazo de comida, y así evitar que se manchara la ropa, es decir se utilizaba como sustituto del llamado babero, utilizado para los niños pequeños. Era un producto de uso económico pues tal vez podía resistir mil lavadas sin dañarse, y no había que recurrir a las costosas servilletas de papel actuales, que además de desmenuzarse en las manos, si lo que estás limpiando es grasiento, tiene el inconveniente que son fabricadas con papel, y éste a su vez se saca de las plantas, contribuyendo en tal proceso al daño ecológico ambiental que está a punto de dejarnos sin planeta.

Algo similar ocurre con los pañales para bebés, los cuales son costosos, fabricados con una mezcla de plástico y algodón absorbente, que salvo en casos muy especiales, como es en el de ancianos o enfermos de difícil control, no se justificaría su uso, salvo que no sea para convertir a las amas de casa en un poquito menos usuarias de su máquina lavadora. En algunos casos, la pereza, la flojera de esas personas, llega al extremo de que prefieren gastar en tales pañales, y no en una buena leche para el tetero del niño.

Es indudable que el troglodita, para poder supervivir tenía que esforzarse mucho para lograr las cosas que necesitaba. Todo debía lograrlo con su manos, ya que carecía de herramientas, salvo tal vez una piedra de granito o pedernal, amarrada con una liana a un trozo de rama de árbol. Como vasijas, tal vez solamente poseía la corteza de un fruto duro que en varios intentos lograba partir por la mitad, usándola como cuenco. Dormía sobre hojas de ramas verdes, que pronto se secaban y debía renovarlas. La comida no era muy variada, pues casi siempre era producto de los animales que conseguía cazar, y que debían ser ingeridos prontamente antes de que se convirtieran en alimentación solamente para buitres. Si tenían la suerte de habitar en zonas con buena vegetación, tal vez ingerían algunos frutos. Es indudable que carecían de lujos, pues si querían comer una manzana, debían subirse al árbol y alcanzarla con su mano. Verdaderamente constituían una fuerza bruta, que dadas las circunstancias de su ambiente y del grado de su inteligencia, debemos respetarla y darle su justo valor.

Hoy día, la comida nos viene preparada en tal forma, que muchas veces no hay ni que condimentarla y cocinarla, como es el caso de las conservas, y los jugos que vienen en botella, o cualquier otro alimento industrializado. No tenemos que ordeñar la vaca, porque hay personas con maquinaria que lo hacen. No debemos salir a cazar el venado, porque el carnicero nos vende todo tipo de carnes ya casi listas para utilizarlas. Tener que sembrar, para luego segar y moler el grano, es algo fuera de nuestras necesidades porque la industria está avanzada y en los países avanzados todo se hace con maquinaria. Es decir, tenemos un facilismo tan grande para alimentarnos, que eso nos ha incitado a la pereza, a la abulia, pues no es lo mismo salir a cazar un bisonte, matarlo, despellejarlo, partirlo, transportarlo y tener que comerlo en breve plazo, que ir a la carnicería y pedir unos filetes de solomillo, llegar a la casa, freírlos y comerlos.

Cuando una tribu troglodita decidía cambiar de hábitat, porque donde estaban habitando estaba escaseando la alimentación, tenían que hacer largos viajes, para que cambiando de zona, pudiera mejorar su nivel de vida. Tenían que encontrar un lugar que no estuviera ocupado por otra tribu, que tuviera agua suficiente para mitigar la sed, y que los animales fueran de tales características y abundancia que pudieran asegurar la alimentación cotidiana del grupo. Hoy día, si nos va mal en una ciudad, compramos un boleto de ferrocarril, o tomamos un autobús, y en poco tiempo, sin casi esfuerzo, nos llevan al lugar que hemos elegido. Hemos comparado varias veces la forma de interpretar el mundo en que vivían los cavernícolas con respecto a nosotros, y hemos también, varias veces dicho que no hay diferencia. Sin embargo hay un detalle, que aunque no hace tal diferencia en cuanto a las características intrínsecas de sus emociones, si lo hace, y grandemente, con respecto a su cualificación humanística. La gran diferencia está en que el troglodita debido a sus pocos recursos tenía que ser un gran trabajador, nada flojo, que desconocía la pereza y el ocio, mientras que el no troglodita moderno, es un gran perezoso, vago en su gran mayoría, y excesivamente dado a las ociosidades. Es decir, era mucho más valioso como ser humano el Hombre de las Cavernas, que nosotros, hoy día.

Algunas veces es necesario dejar de generalizar las cosas, para que dándole un poquito más de fuerza, de consistencia, nos remitamos a algunos casos particulares. He aquí algunos ejemplos, muy tristes por cierto:

Debido a la gran demanda que tienen los servicios médicos públicos, la población ha tenido que desviarse de la costumbre de asistir a esos centros gratuitos para ser atendido en las clínicas privadas, las cuales, antiguamente eran patrimonio de los ricos, pero que actualmente, debido al auge del uso de las pobrecitas compañías de seguros, que deben estar muchas de ellas a punto de arruinarse, la gente asiste a esas clínicas, ya sea pagando o en calidad de asegurados, sin que estas empresas hagan distinción entre unos u otros, pues lo mismo les cancelan los asegurados que los privados. Pues bien, en un paraje alejado del centro de la ciudad de Guatire, existe una clínica de excelente fama, claro que esta fama es debida a la alta calidad de los profesionales de la medicina que trabajan en dicho centro médico, pero no, en absoluto por la calidad humana de los empleados administrativos, que consideran a los pacientes, no como tales, sino como posibles clientes personales, que bien manejados les permitirán percibir ingresos extra sueldos en base a alterar el orden de atención médica, tanto en consulta como en sala operatoria. Hasta no hace mucho tiempo, daban las citas, en algunos casos, hasta con cuatro meses de antelación, debido a la carencia de profesionales de la medicina suficientes para atender ese gran conglomerado que huye de los servicios super-atiborrados públicos. Los pacientes, mal que bien, lo aceptaban, pues al menos tenían su cita asegurada, pero a consecuencia de que algunos no acudían finalmente a citas tan largas, y los médicos a veces ese día en vez de tres atendían sólo a un paciente, con pérdida económica terrible para la empresa, decidieron, para supuestamente resolver el problema, esos genios de la administración, decidieron en forma imprevista, el no dar citas, sino que el paciente, iba a ser atendido por orden de llegada. Ese orden de llegada implica estar en cola tal vez desde cuatro horas antes que empiecen a dar los números de atención de cada especialidad. Y debes estar allí desde las cuatro de la mañana, para que a las siete o siete media te otorguen la gracia de tal número, que en algunos casos no lo consigues, a pesar de haber perdido el sueño de una noche y la felicidad de un amanecer, porque tal doctor sólo atiende a tres personas, y a ti tal vez te tocaría la número cuatro. Imagínense que le ocurrirá a los que llegan a pedir la consulta médica a las siete. Se encuentra con una cola de pacientes, tan larga, que a veces sale de los predios de la clínica y llega hasta los estacionamientos, y que ni remotamente podrá aspirar a obtener el tan preciado cupo.

Contar un caso de estos parece muy banal, pero vivirlo no lo es tal, pues si tomamos en cuenta que el que va a verse con un médico es porque está enfermo, es decir, tiene algún malestar que puede ser desde un simple dolor de muelas a un terrible dolor de apendicitis, pasando por innumerables situaciones diversas que hace que el que está en cola prefiera a veces morirse antes de tener que soportar tal tormento. Un caso tan simple de resolver, poniendo un control de llegada que permitiera que la persona tomara su número ese día y estuviera presente a las siete o a las doce que son las horas de las supuestas dádivas citativas, lo cual le permitiría enviar a una persona sana, que no perdería más de unos minutos, y la hora del tal otorgamiento estar presente el enfermo sin tampoco perder demasiado tiempo, lo resolvería. Pero claro, que eso no se puede hacer, pues si la cosa se pone fácil para el paciente ya no se va a conseguir quien le diga "te doy tanto y me pones de primero". Otra bestialidad que ocurre en ese centro médico que a pesar de ser utilizado para curar, tiene empleados que son especialistas para matar. Tienen un aire acondicionado, tan intenso, que si tienes la desgracia de tener que acompañar a alguien que va a ser operado, pero que no ha pagado la cuota especial particular, te dejan horas y más horas soportando ese terrible gélido aire acondicionado, que a más de uno lo ha debilitado tanto que ha salido de allí infectado con ese mal de moda, creado para hacer llover, y que para disimular le achacan la culpa a los inocentes mosquitos que no tienen nada que ver con esa supuesta gripe africana. En ese mismo lugar, a lo mejor te dejan tres o cuatro horas también para darte de alta de una operación simple, que no ameritó gran cosa, pero que en la cuenta que mandan al seguro le ponen centenares de medicinas, artículos, equipos y otras yerbas, inventadas para engrosar la factura, pensando que el paciente no va a cuidar la salud económica de su seguro, porque la mayoría de los asegurados somos inconscientes de nuestros deberes de buen ciudadano, y no pensamos que en realidad la compañía de seguros es nuestra amiga, y nunca nuestra enemiga.

Un caso patético que también ocurre por esos lares, y ojalá que no en demasiados países, es el triste hecho vislumbrable cien por ciento, los días en que cancelan las pensiones de vejez del Seguro

Social, cuando observamos largas e interminables colas de viejitos, la mayor parte de las veces al descubierto, sin un techo que les ampare de la interperie, que puede ser, excesivo sol, lluvia o hasta frío, dependiendo de la ubicación de la sede bancaria que caprichosamente le asignaron. Esa pobrecita gente, la mayoría sin otros recursos, que se ve impelida a recibir esa dádiva gubernamental como paliativo complementario a su escaso o inexistente ingreso por jubilación, es frecuente verlos, ya sean viejitos, y al decir viejitos también estoy incluyendo a las viejitas, que para remediar en parte la incomodidad de las largas y tediosas esperas a la puerta de un banco, en algunos casos, se llevan sillas portátiles, y en los otros, más graves, donde la persona está incapacitada, tal vez se ayudan portando un pequeño colchón. Tan fácil que sería resolver tal problema dando un numerito a los que fueran llegando y permitiendo que volvieran cuando estuviera próxima su entrevista con el cajero. Cuán lejos, cuán distantes están estas personas, de aquellas otras, de otros lugares, en los que el servicio médico es controlado por sistemas informáticos, y que con sólo recurrir a cualquier computadora obtienen los servicios de su médico de cabecera, le asignan las citas sucesivas, y hasta les proveen los medicamentos, también por sistema informático, evitando las terribles deambulaciones de un lugar a otro que padecemos los que vivimos en estos países de gracia divina.

CAPÍTULO XIV

Es obvio que no todo puede ser perfecto, pues si somos seres humanos, trogloditas o no, lo mismo que tenemos la capacidad de avanzar, de progresar, también la tenemos de equivocarnos... pero ¡Dios mío... que no sea con tanta frecuencia!.

Yo personalmente, en el transcurso de mi vida, he tenido algunas experiencias que pueden ser aleccionadoras para otras personas. Veamos algunos ejemplos:

Obviamente, lo que voy a mencionar no es esperando que todos los médicos sean como el Doctor José Gregorio Hernández, maravilloso médico, científico y benefactor social, como pocos ha habido, y que por haber sido utilizado su nombre por sectas no católicas, a pesar de tener méritos más que suficientes de los que han tenido numerosos de los nombrados santos, tal vez por razones políticas y no tanto humanas, aún no le han concedido la santificación, santificación que al fin y al cabo, desde nuestro punto de vista de ver la filosofía de la vida, carece totalmente de importancia pues es un simple rito que a veces no está acorde con la realidad de los hechos.

Continúo en la explicación, pues, de que aunque no todos tienen que ser como tal persona del siglo antepasado si lo fue, yo me he encontrado, afortunadamente unas veces, y desgraciadamente otras con ciertas personas que cambiaron mi vida, dentro del ámbito de la medicina, veamos: En Sabana Grande, en Caracas, por los años sesenta y setenta tenía consulta el doctor Ramón Espinasa, excelente médico español que me salvó la vida varias veces, sin que en ninguna oportunidad fuera víctima de los abusos de muchos de sus colegas. En su propio consultorio, acondicionado con aparato de rayos X, y con cualquier otro equipo que yo, por no ser de la rama médica desconocía, este sabio médico, cobrando apenas diez bolívares, a los que podían pagarle, o gratis si no tenían recursos, haciendo émulo del Doctor José Gregorio, impartía sus conocimientos, su sabiduría, sin recurrir a complicados exámenes especiales de laboratorio o de otras índoles que le ahorran un enorme trabajo al médico ya mal acostumbrado, pues sin utilizar tales procedimientos era capaz de salvar una y cien veces si fuera necesario a quien acudía a su consulta con la fe de que estaba en manos de un verdadero sabio. Otro personaje de gran relevancia para mí fue la existencia del Doctor Henry Pfiffer, odontólogo alemán, que tenía su consultorio en la parte alta de la Avenida Libertador, sector la Campiña, y que me salvó de los terribles tormentos que me infringió desde que era niño un tal llamado Julio Peñalver, que cuando yo tenía doce años, para sacarle a mi madre veinte bolívares por cada huequito que me hacía en los dientes, me los perforó todos, dejándomelos al descubierto, sin curar, pues mi padres a duras penas pudieron pagarme la abertura de los huecos, pero no las barbaridades que quería cobrar por taponarlos; así que padecí esos dolorosos tormentos hasta que este honesto odontólogo de verdad, Henry Pfiffer, con una meticulosidad propia solamente de un alemán concentrado en su tarea, me fue haciendo coronas y más coronas, a unos precios tan exageradamente baratos, que no comprendo como podía supervivir esta excelente persona. Mucho más recientemente, ya en mi avanzada ancianidad, he tenido el placer y la suerte de conocer a una doctora en oftalmología, de las que creo ya casi no existen, que con un afecto, profesionalismo e interés por el bienestar de sus pacientes, de lo que carecen tristemente la mayor parte de los médicos actuales, me devolvió la visión, cuando ya creía estar casi ciego por el resto de lo poco que me queda de vida. Esta médico oftalmóloga, que me atrevo a recomendarla a cualquiera como lo máximo en su profesión, no me atrevo a escribir su nombre, ni siquiera iniciales, puesto que este es un libro muy polémico en el que a lo mejor no le gustaría que apareciera su nombre.

CAPÍTULO XV

De vez en cuando es muy importante dejar las generalizaciones y detallar hechos concretos, de los cuales, durante mi larga vida he presenciado y vivido muchos de ellos, sin embargo, y como el propósito de este libro, más que enaltecer a las personas, tiene como propósito fundamental descubrir sus pecados, como dicen los religiosos, o los delitos de premeditación y alevosía, como los llamamos algunas veces los abogados, vamos a reseñar algunos que verdaderamente son terribles:

Hoy en día es frecuente recibir la noticia del asesinato de algún familiar, un amigo o de un conocido, sin contar los que leemos por miles en la prensa diaria o vemos en las pantallas televisivas. Muchas veces, la persona fallecida es ampliamente conocida como delincuente, y presumiblemente es ajusticiada por bandas rivales, en cuyo caso el pensar popular, es "que se maten entre ellos, menos delincuentes contra la gente honrada", y esto en parte es cierto, ya que la impunidad del malvado ha llegado a tal situación que matar a alguien se le hace tan sencillo como fumar un cigarrillo sin quemarse la mano al prender el fósforo. Claro está que algunas veces un fósforo defectuoso suelta la cabecita produciéndose la quemadura, caso similar a los poquitos casos en que el delincuente se descuida y le meten preso hasta que consiga su padrino personal. Las víctimas, en el momento de morir pueden tener un largo historial de cosas inadecuadas, pero hay casos en que esta circunstancia es de muy dudosa consideración, porque un menorcito de cinco años que lo maten porque vio quien mataba a su papá, o la esposa de un asesinado, que denuncia a quien mató a su pareja, también es asesinada, o bien, antes de denunciar, para que no hable, o después, por hablar, son realmente casos que mueven a conciencia; o el sumamente frecuente de que al ser asaltado, ya sea en tu vehículo, caminando o en cualquier circunstancia, a pesar de que no opones resistencia alguna, te matan porque les viste la cara, o simplemente porque les caíste mal. Este hecho que es prácticamente insólito en países de desarrollo social avanzado, se ha vuelto el pan nuestro de cada día en nuestro mundo sudaca, y eso, amigos nuestros, nos hace permanecer en un estado de tensión tal, que afecta toda la actividad humana. Ya ni siquiera podemos confiar en los defensores del orden público, porque ahora está de moda de que los delincuentes se meten a policías, para tener más facilidades, o los policías se meten a ladrones, para rebuscarse un extra sueldo. En definitiva hay una mezcla tan grande entre los buenos y los malos que tú ya no sabes si estás tratando con uno decente o con un bandido. Esta situación perjudica grandemente a los policías honestos, que son muchos, afortunadamente más que los deshonestos, pero que se hace casi imposible tamizarlos, pues no se conoce un filtro adecuado que los separe.

Desde nuestra experiencia en el campo de la psicología, a pesar de las teorías de recuperación social que propugnan muchas personas que carecen de la praxis suficiente para elaborar un criterio justo, consideramos que esa supuesta recuperación puede realmente ser efectiva en casos de delitos menores, pero cuando estamos hablando de homicidios, secuestros y violaciones, el panorama es totalmente diferente. El que probó la sensación de matar a un semejante, sea o no castigado por la sociedad, acumula en su inconsciente algo parecido al efecto de una droga que se tomó una vez para probar, y que ya siempre dejará en el ánimo el deseo de volver a saborearla. El asesino, volverá una y cien veces a reincidir. No existe forma de recuperar a un sujeto de tal calaña, y estamos llamando asesino al que mata intencionadamente, no lo estamos haciendo sobre el que mató por accidente, que en ese caso no debemos llamarlo asesinato, sino homicidio culposo. El ser humano, antes que humano es animal, y como tal tiene poderosos instintos, entre los cuales el de conservación le impele a matar a todo lo que le signifique competencia. Los complejos procesos de sociabilización, tienen como factor fundamental la represión del instinto animal, por ello es un gran error de los psicólogos modernos dejar que los niños griten desaforadamente, que hagan todo lo que deseen, pues ese tipo de permisividad les resta capacidad, para en la edad adulta, saber controlar sus instintos de especie animal. La mayor parte de los seres humanos no presentan el deseo de matar, salvo en casos excepcionales, en que haya sido dañado en alguna forma, ya sea física o emocional por un semejante, pero la tendencia de la sociedad, es la de auto-controlar los instintos de destrucción. Cuando un sujeto libera ese autocontrol, por una primera vez, ya no hay forma de reprimirlo para una situación similar posterior. Habrá vencido ese temor a lo prohibido que le impone la sociedad, y vencida esa muralla, no existirá barrera capaz de limitar el tal instinto asesino.

En el caso de los secuestradores ocurre algo muy semejante, aunque no exactamente igual, la auto represión impuesta por la sociedad y que impele a respetar la libertad de los demás, es a su vez vencida por ese primer hecho de privar del derecho a movilizarse a su libre albedrío, traspasada esa muralla, igualmente alta y poderosa, que está conformada por los temores a la represalia social, o al riesgo de la ejecución del momento del acto criminal, va adquiriendo cada vez mayor fuerza, inclusive con la emisión de un solo acto punible, en forma aún más severa que en el caso del homicidio, pues éste ocurre en un breve instante, mientras que el secuestro es producto de una larga y continuada serie de hechos colaterales que requieren una gran premeditación y conocimiento de lo que se está haciendo. Así como el primer tipo de crimen puede realizarse en forma inmediata, no pensada ni calculada, y tal vez casual, aunque si intencional, el secuestro no es nada casual momentáneo, sino producto de una serie de actos criminales fríamente calculados por una mente delictiva que habiendo vencido la gigantesca muralla del primer instante, va acumulando gran experiencia en los momentos posteriores. No es nada extraño que un secuestrado asesine a su víctima, pues que el hecho del secuestro en sí, requiere mayores características criminales que el mismo asesinato. La recuperación en estos casos es prácticamente imposible, pues convierte al secuestrador en un técnico experto en tal delito, y siempre tendrá en mente la oportunidad de volver a intentarlo.

En el caso de los violadores, donde intervienen además de los instintos animales más severos, que deben ser vencidos a través de la eliminación del autocontrol exigido por las costumbres sociales, también, la parte emocional correspondiente a la satisfacción de índole sexual que pueda proporcionarle, y que lo convertirá en un sujeto de diferente grado de peligrosidad, de acuerdo al tipo de conducta que emita durante el acto de la violación. En este delito puede haber ciertas variantes que convierten en diferentes la mayoría de tales aberraciones. En cualquier forma, el sujeto que venció por una primera vez los controles sociales que exige a todos sus miembros, ya no tendrá ninguna dificultad en repetir el hecho, es más, puede llegar a ser cada vez de peor calidad, pues bien pudiera, empezando con la violación de una mujer adulta, sin causarle mayor daño que el ocasionado en tal momento,   proseguir con violaciones de menores, en las cuales el daño es mayor, y hasta finalmente mezclar el delito de violación con el de homicidio, lo cual es el síndrome de la máxima depravación humana. El violador, jamás tendrá recuperación por la vía del mejoramiento conductual, únicamente, imponiéndole operaciones quirúrgicas cerebrales que le anulen el instinto genético, podrá reducirse en parte, pero siempre estará vigente el instinto criminal asesino si el sujeto ya emitió tal conducta en al menos uno de sus delitos.

Estos tres tipos de delitos, los más graves que pueden ser considerados dentro de la amplia gama de las conductas criminales, carecen totalmente de posibilidad de recuperación: el asesino seguirá matando, dentro de la cárcel o cuando salga de ella después de treinta años; el secuestrador aún dentro de su penal seguramente controlará hechos similares en el exterior de su centro de reclusión, aleccionando a otros sujetos para emitir tales conductas; y el violador, jamás saciará su deseo de sexo bestial, aunque sea sometido a castigos de cualquier índole. Los tres criminales son totalmente irrecuperables, es decir, desde el momento que cometen tales delitos, representan una enorme carga para la sociedad, pues hasta que esos sujetos mueran no dejarán de ser un peligro para los demás. Ni siquiera estando presos dejan de ser peligrosos, por lo que someterlos al escarnio de un encierro es totalmente irrelevante, trayendo como única consecuencia hacer gastar al estado lo que tal vez necesita para usarlo en protección policial contra los que aún no han sido arrestados por delitos similares.

Cualquier persona medianamente inteligente, que no padezca en alguna forma, el síndrome delictual de tales crímenes, ya sea porque cometieron alguna vez alguno de esos delitos, lo intentaron cometer pero el autocontrol fue superior y no lo realizaron, o porque traten de proteger a alguien de su propio entorno catalogado como tal tipo de delincuente, será capaz de comprender, releyendo lo que hemos expuesto con anterioridad, cuál es la solución para tamaño riesgo social. No lo decimos claramente, para evitar que las *oeneges* protectoras de los derechos humanos del delincuente se den por ofendidas, pero digámoslo en una forma metafórica. ¿Qué haría un agricultor si su siembra de maíz es atacada por una bandada de ratas?. ¿Las cazaría y las encerraría en una jaula para que tengan la oportunidad de roer un hueco y escaparse, o haría otra cosa con ellas?. Piénsenlo bien señores legisladores, señores economistas y señores encargados de la protección social.

Es obvio que estos extremos dantescos no se dan en todas partes del planeta, pues hay lugares donde mal que bien los delitos no llegan a ser tan cuantiosos que representen una amenaza a la integridad de su respectivo estado, sin embargo es muy notorio, pues el hecho es de vox populi, que hay países donde ver una motocicleta es sentir que lo van a asaltar o matar, que tener un roce vehicular con los portadores de talas armas diabólicas representa tener que enfrentarse a una muchedumbre de insanos delincuentes cada uno tratando de lograr alguna tajada de la pobre víctima del accidente intencionado. No es de extrañar que si alguna de las personas atemorizadas por tales máquinas sangrientas, provoca un accidente verdadero en una carretera, en vez de auxiliar, como debiera ser, a quién no sabe si es asaltante o mensajero, salga huyendo como alma que lleva el diablo antes de ser supuestamente asesinado. Esto, irremediablemente, está convirtiendo a la población sana en delincuente, pues al grito de "sálvese quien pueda", ya prácticamente no se puede respetar la ley, que en verdad no protege a nadie.

So pretexto de una falsa hambruna, que en realidad sabemos que no existe por el momento, (año 2014, no 2016), la población se ha convertido en bandadas de zamuros o buitres. Si un camionero, sufre un accidente en una carretera, será víctima de una jauría de supuestos honestos pobladores cercanos, que con bolsas, sacos y carretillas al hombro llegarán al lugar para llevarse la mercancía del camión accidentado, y si el chofer no tuvo la suerte de salir del vehículo, porque quedó lesionado, lo rematará la poblada, para que no sea testigo del pillaje de que será objeto.

Aunque esto parece una exageración, nos ocurre a diario. Los transportistas, gente generalmente bastante sana, se ve amenazada constantemente por los asaltantes organizados, o por los líderes de pobladas que provocan los accidentes para supuestamente matar el hambre que produce el encarecimiento de la comida y otros productos.

Pero no son solamente los transportistas los amenazados, sino cualquier viajero en su propio automóvil, que al pasar por debajo de un puente debe previamente mirar por si alguien desde arriba no le lanzará un peñasco para que se detenga y lo asalte, o si entra en un túnel de poco tránsito, deberá esperar que lo atraviesen más vehículos y realizar el paso en caravana, pues el túnel se presta con facilidad a un asalto. Si viajar de día se ha vuelto peligroso, imagínense lo que ocurrirá al que lo haga de noche. Antiguamente, siempre había existido el riesgo del asalto, pues en el fondo no hemos cambiado mucho desde la época de la Inquisición hasta hoy, pues bandidos siempre los ha habido, y tal vez seguirá habiéndolos, pero nunca había ocurrido que te maten para ver si llevas algo que robarte como ocurre actualmente. La vida para esa gentuza sin alma no vale absolutamente nada. ¿Por qué tenemos nosotros que creer divina la vida de esas basuras?.

CAPÍTULO XVI

Todas estas cosas que les contamos, demuestran fehacientemente que los humanos de hoy día somos tan estúpidos como nunca lo habíamos sido anteriormente, pues en siglos pasados existía un mayor grado de ignorancia que en cierto modo justificaba algunas conductas que eran normales en sus tiempos, pero que hoy día, por más que invoquemos a las sagradas leyes divinas o a las humanas, no tienen ninguna cabida en un mundo que supuestamente ha evolucionado, a tal punto que sabemos que la tierra es esférica, y no cuadrada como se creía en aquellos tiempos salvajes. Si alguien alguna vez me hiciera la pregunta de qué preferiría, si ser un troglodita o un banquero de este siglo... indefectiblemente diría que para mí es preferible ser troglodita, pues en aquella lejana época de mis antepasados no se robaba con tal alevosía como lo hacen los banqueros de hoy día, especialmente los europeos.

.

La brutalidad humana se hace notoria en lugares tan civilizados como la misma España, donde hay centenares de obras gigantescas, empezadas y abandonadas, prácticamente ya destruídas, en donde se utilizaban dineros que los banqueros le extraían a la población con promociones falsas, sin consistencia, y que seguramente, en muchos de esos casos, intervenían los depredadores ricachones bancarios a motus propio a sabiendas de cual era el finiquito preparado ya de antemano. Así, gastando dinero en esas estupideces, que cambiaban de planes cada vez que cambiaba el gobierno, el país se fue endeudando con los banqueros, que frotándose las manos favorecían tales desmanes. ¿Será por eso que a la hora de salvar la economía se salva primero a la banca antes que a la población sufriente?. En estos debacles económicos que afectan a las naciones, casi nunca son los ricos y poderosos los que quedan arruinados, sino los pobrecitos que fiaron su capital a alguna entidad sinvergüenza que usaba los dineros para hacer *marramucias* nada recomendables. Prueba de esa íntima relación delincuencial entre los banqueros y sus protectores: los legisladores, creadores de leyes, están la barbaridades, dentro del sentido común, que representan, como ya mencionamos en otra parte de este libro, las consecuencias de las ejecuciones hipotecarias, donde se deja en la calle al que no puede pagar los exagerados intereses bancarios, y encima de quitarle el bien, le convierten en su esclavo legal obligándole a pagar lo que su banco le acaba de robar, pues es verdaderamente un robo, tipo asalto con chantaje y alevosía, obligar a pagar lo que ya le han quitando, basándose en unas malintencionadas leyes creadas para enriquecer al gordo y enflaquecer al pobre, cuando lo justo sería devolverle la parte de capital ya cancelada, quedándose solamente con los intereses ocasionados. ¡Claro está, que aunque no nos lo dicen, todos sabemos que muchos legisladores, coautores de tales barbaridades legatarias, son copropietarios de los bancos estafadores chantajistas y extorsionadores del pueblo.

En algunos países, algunos muy importantes, de hasta más de cien millones de habitantes, los gobiernos han sido tomados por las mafias, especialmente las de la droga, las cuales tienen a tales naciones como objetos de su uso personal, asesinando a quiénes no se adaptan a sus exigencias. Los infelices habitantes de esos países no tienen ninguna esperanza de liberarse de ese criminal yugo, por sus propios medios internos, pues representaría recrudecer las masacres de las que son víctimas. Sólo tienen alguna posibilidad de recuperación, si son ayudados desde el exterior, cosa también bastante difícil, pues los países con capacidad para hacerlo, a su vez están dominados por las mafias del dinero, de los bancos, de las super-nacionales, y las cuales, a veces, en vez de ayudar a liberar esos pueblos, más bien contribuyen a su destrucción, pues en forma soslayada son sus explotadores, y les interesa el caos en tales lugares para facilitar su dominio.

Otro grupo, también importante, es la de los países dominados por las mafias religiosas, que aunque sabemos que convencen a sus poblaciones imponiéndoles temores divinos, y obligándoles a cometer asesinatos en el propio provecho de sus líderes, tampoco son de fácil recuperación, pues las mafias económicas se enriquecen también vendiéndoles armamentos para que se maten mutuamente. Verdaderamente estamos viviendo en un planeta que es un total caos. No existe un lugar de la tierra donde no funcione algún tipo de mafia, ya sea de la droga, del armamento, religiosa, o de cualquier otra índole, las cuales, finalmente, son ramificaciones de los poderes económicos, que toman diferentes formas de actuación.

Podríamos continuar citando ejemplos particulares, que nos llevarían a los casos generales, y que para medianamente catalogarlos, necesitaríamos almacenar los datos en forma informática, pues los libros necesarios para hacerlo en tal forma requerirían una cantidad de papel no existente en el planeta; aunque sabemos que el hecho de que lo digamos no será capaz de mover ni una sola piedra del camino, a continuación, expondremos en forma sucinta, y a rasgos generales, algunas de las normas de comportamiento humano, que de ser posible comenzar a realizarlas, tal vez en algunos años resolverían gran parte de esta problemática criminal en la que estamos inmersos. Obviamente, ya de antemano, sabemos, que digamos lo que digamos nosotros, y aunque lo dijera el más inteligente de los sabios, como la mayor parte de la humanidad padece el síndrome tan común de la Estupidez, no tenemos ninguna esperanza de solución.

Deberíamos empezar creando un excelente sistema informático, del que ya existe en algunos países, aunque son malamente utilizados. Este sistema informático almacenaría toda la información relevante de cada individuo, de cada institución, de forma permanente y continuada, tratando de que fuera veraz y no alterada por los siempre entrometidos intereses económicos que tratarían de

127

alterar los datos a su propio beneficio. Esa información sería la base de datos que necesitaremos en todo momento, para tomar desde pequeñas decisiones, a las más importantes.

A continuación se debe realizar un control de la riqueza personal, limitando los capitales en forma tal que todo aquello que exceda los límites pautados sea sometido a fuertes impuestos que concluyan dejando en manos del estado, en poco tiempo, todo aquello que exceda del límite razonable, que por ejemplo, sin haber hecho un estudio previo necesario, podríamos aproximar a cinco millones de dólares per cápita. Ésto les parecerá excesivo a los pobres de solemnidad que apenan sobreviven con un dólar diario, pero sería un principio, que al final permitiría que el pobre, en vez de un dólar obtuviera diez diariamente. Esta normativa implicaría que al no poder exagerar los capitales, pues tendrían impuestos exorbitantes que los anularían, la avaricia por el dinero tendría que ceder, porque de nada serviría explotar a mil trabajadores de una fábrica haciéndoles ganar sueldos de hambre, si esas malhabidas ganancias no tuvieran cabida en el sistema económico.

Desarrollar un sistema de seguridad ciudadana en base a cuerpos de policía muy especializados, que deberían crearse en forma paralela a los existentes, y que a medida que fueran avanzando en su efectividad le fueran restando importancia a los corruptos e ineficientes, hasta hacerlos desaparecer. Esto debe ser así, pues no se puede eliminar de un plumazo a los cuerpos policiales y fundar otros a la primera de cambio, pues representaría un desastre social irrecuperable. El financiamiento estaría asegurado con los enormes impuestos a los capitales que excedieran los cinco millones de dólares por persona, pues sabemos que la mayor parte de la riqueza mundial está en manos de unos pocos diablos.

Para crear buenos cuerpos policiales, al igual que buenos equipos de justicia, se requiere un filtro muy detallado de sus componentes, realizado por programas de computación, tratando de eludir lo más posible la intervención humana, debido al amiguismo o corruptela de los individuos físicos.

Los delincuentes deben ser clasificados, sometiéndolos a pruebas electromagnéticas para detectar la verdad. El que se niegue a someterse debe ser declarado culpable del delito que se le imputa. Aquellos que hayan quitado la vida a un semejante, en forma intencionada, salvo los casos de justa venganza demostrada por haber sufrido tal hecho en alguien de su entorno familiar, deberán ser eliminados del sistema, pues al ser considerados irrecuperables y de alto riesgo social, deben ser descartados totalmente de cualquier actividad social. Los secuestradores, después de someterlos a pruebas físico-psicológicas que demuestren tal hecho, deben seguir la misma ruta que los homicidas anteriormente descritos. Para los demás delitos debe haber leyes lógicas que permitan el beneficio de la víctima. Encerrar a alguien en una cárcel solo produce gastos al estado y mayor deterioro del victimario. Los castigos deben ser obligando a trabajar en beneficio de su víctima, hasta cumplir la cuota estipulada en el juicio, según la cuantía del hecho. Los juicios ideales son los realizados con programas informáticos, libres de corruptela; por lo que hay que encaminarse a ir logrando incrementar cada vez más el uso de tales recursos. Todo esto debe ser estudiado muy cuidadosamente para verdaderamente hacer justicia, y evitar, tanto los errores judiciales, como las corruptelas, que sean la causa de desvío de la justicia.

Como muchos delitos se realizan en justa represalia de haber sufrido hechos similares, debe tomarse en cuenta el carácter vengativo que pueda tener un delito determinado, y al ser demostrada la condición de tal hecho, siempre que la venganza haya sido de calidad igual o menor al daño sufrido, deberá ser eliminado el cargo y su respectiva imputación. Caso de ser la venganza de grado superior al daño ocasionado por la víctima debe ajustarse el castigo en trabajos a beneficio de tal víctima, pero por la diferencia del hecho, y nunca por la totalidad.

Los delincuentes sometidos a trabajos en beneficio de su víctima deben ser controlados, de ser posible en forma automática con puntos de control computarizados que identifiquen al sujeto por sus rasgos específicos personales, y que permita demostrar su permanencia en el lugar requerido por la autoridad judicial. Si el delincuente no tiene facilidad de obtener un trabajo determinado, de cuyo sueldo debiera dar un porcentaje determinado a su víctima, de acuerdo con lo estipulado en la sentencia, el estado deberá proveer tal trabajo y asignarle un sueldo adecuado a su capacidad individual. El individuo que se niegue a cumplir su sentencia aportando beneficio a la víctima, deberá ser recluído en un centro penitenciario de alta seguridad, donde deberá trabajar en forma forzada para proveerse la alimentación. Nunca se aceptará que el trabajo en compensación por un delito sea realizado en una empresa propiedad de la víctima, pues se correrá el riesgo de represalias, fuera de sentencia, que ocasione nuevos delitos.

Para la clasificación de un delito no se tendrá en cuenta la edad, salvo que por ser muy corta o muy avanzada adolezca de las dificultades que ocasiona tal situación, es decir, tan asesino es un sujeto de quince años como uno de ochenta, pero por ser edades extremas deberán ser sometidos a pruebas suficientes que demuestren que el delito se cometió con pleno conocimiento de causa. De ser así, tanto el uno como el otro deberán ser eliminados del sistema, pero en caso contrario, si se demostrara que no hubo tal intención real debido a ignorancia o senilidad, la imputación quedará reducida a homicidio culposo.

Aunque en los primeros años del funcionamiento de este sistema no se tendrá suficiente información que pueda ser aplicada en función de reducir la valoración de un delito o aumentarla, de acuerdo a la utilidad que el delincuente haya sido capaz de producir durante su vida, al menos en forma incipiente deberá comenzarse a tratar de aplicar tal sistema, en la siguiente forma: Pongamos como ejemplo el caso de un profesional de la medicina, que durante el ejercicio de su profesión durante un lapso de diez años, a evitado la muerte de cien personas. Tal hecho debe ser tomado en cuenta en el registro personal informático general, y por cada vida salvada deberá tener un puntaje a su favor, puntaje que se reducirá cuando por negligencia muera alguno de sus pacientes. Si se le está juzgando porque en un caso en particular, fuera de la clínica, es decir, del ejercicio de su profesión, asesina a alguien en forma voluntaria, dado que esa persona tiene muchos años de ejercicio de tal profesión por delante, y eliminarlo del sistema, evitaría que en el futuro pueda beneficiar a otros pacientes con su conocimiento, deberá hacerse la excepción, y permitirle continuar trabajando, con la obligación, ya como castigo en su sentencia, de verse obligado a realizar un trabajo que le permita aumentar su puntaje, en forma obligatoria, y bajo la estricta condición de que un segundo homicidio voluntario, que no sea por ejercer eutanasia a pedido de un paciente, lo sacaría del sistema en cualquier forma, sin ningún tipo de reconsideración. Un segundo caso, también tomando como ejemplo el de un médico, que tiene acumulado un puntaje "x" debido al desarrollo de sus actividades profesionales y de vida, es sometido a juicio por un delito fiscal o un robo. Ese delito fiscal, o bien el de robo, tiene un puntaje negativo de "y", que le será reducido de su puntaje original, es decir a partir de la comisión del delito tendrá un record de "x-y" puntos. Esos puntos perdidos podrán ser solicitados por la víctima para incorporarlos a su propio historial, si así lo prefiere, o recibir el beneficio de víctima, con   parte de las ganancias del profesional de la medicina. Pusimos estos ejemplos porque el médico es uno de los individuos más útiles para la humanidad, y por lo tanto debe ser tomado en cuenta como un ser imprescindible que en un momento de su vida está sujeto a cometer errores como cualquier otra persona, pero que no por haber tenido tal desliz, hay que interrumpir su carrera de éxitos y de beneficios para la población en general. Quien menciona a un médico, también lo puede hacer, en igualdad de condiciones con un bombero, un buen policía, un buen administrador de los recursos de una institución, el inventor de algo que benefició grandemente a la sociedad, un gobernante probo, etc.

Estos ejemplos dan pié para catalogar a las personas, y por ende a los delincuentes, de acuerdo con el puntaje que van acumulando durante su vida. La víctima de un sujeto que ha delinquido puede obligar a ser beneficiado con parte del sueldo que gane el victimario, o si éste tiene puntos a su favor, y cubren el equivalente al castigo correspondiente, la víctima a su propio criterio podrá solicitar la anexión a su propia historia de tal puntaje. Todo ésto, que decimos parece propio de un mundo de fantasía, y que aunque sabemos que en realidad es tal cosa, debido al enorme grado de dificultad para que se llegue a imponer, tal vez alguna vez pueda llevarse a cabo, no perdemos nada con exponerlo en este librito como una opción para posibles revolucionarios del futuro. Así como alguien el pasado, llamado Marx, seguramente con muy buenas intenciones inventó el marxismo, líderes socio religiosos crearon sus propias filosofías epónimas, como lo hizo Jesucristo con el Cristianismo, Mahoma con el mahometanismo, Buda con el Budismo, este señor Herrera, que escribe este libro, a lo mejor da principio al *Herrerismo.* Obviamente, que si tal cosa se diera no queremos sufrir el terrible fracaso de todos los anteriormente nombrados.

CAPÍTULO XVII

En una sociedad organizada no puede haber vagos, es decir, sujetos que vivan a costas de otros. Es imperante crear un sistema que obligue a todo el mundo a ser útil en una u otra forma a su sociedad. Para ello podrían emplearse estos principios o normas: Hasta los dieciocho años será obligatorio portar una identificación como estudiante, que deberá llevarse en una pulsera que solo podrá ser abierta asistiendo a un centro de clave informática, en cuyo caso habrá que justificar tal apertura o cambio, si es por deterioro, molestia física u otra circunstancia. Después de los dieciocho años, el que sea estudiante también deberá demostrar que tiene una actividad laboral adicional de al menos medio tiempo, conjuntamente con la de estudio. El que no estudie, deberá presentar en su registro, mostrado electrónicamente con su pulsera, de que cumple un trabajo completo. En todo caso la información, tanto de los lugares de estudio como los de trabajo, deberá ser completa.

Cuando el sujeto aduzca que no consigue tal trabajo, el estado estará obligado a dotarle de uno, de acuerdo con la capacidad del sujeto que lo necesite. Sólo estarán exentos de trabajar y estudiar los menores de seis años y los mayores de setenta, el resto deberá cumplir funciones sociales, ya sean de trabajo en fábrica, hospital, gobierno, etc. tomando en cuenta que tal actividad deberá ser regulada en cuanto a su calidad e intensidad de acuerdo con las condiciones específicas de cada sujeto, por ejemplo: Una persona de sesenta años, que tenga un estado de salud deteriorado, deberá ser excluído de labores físicas dificultosas, y sólo podrá realizar trabajos muy simples, que tendrán la remuneración correspondiente a la que cobraba cuando estaba sano, y la cual será aportada, tanto por la empresa donde labore, como por el estado, aportando las diferencias. Después de los setenta la jubilación será absoluta, total, pagadera por el estado o la empresa responsable, salvo que el sujeto prefiera seguir trabajando, en cuyo caso, seguirá percibiendo su jubilación más el sueldo que detente su trabajo voluntario.

La persona que se niegue a realizar un trabajo, aduciendo que sus bienes le son suficientes para vivir de la renta, perderá derechos a jubilación social.

Los alumnos que sean reprobados por segunda vez, a partir de ese momento deberán trabajar medio tiempo como mínimo, y si son reprobados por tercera vez, perderán el derecho a recibir clases gratuitas en escuelas públicas, y deberán trabajar a tiempo completo, ya sea como aprendices, desde los doce a los quince años, o como trabajador normal después de esa edad.

Los enfermos o incapacitados, que demuestren fehacientemente que lo son, percibirán el sueldo, por parte del estado, en igualdad de condiciones a los sanos. Los que no puedan manejarse por sí mismos, debido a debilidad intelectual, el estado les nombrara un tutor, responsable de su cuido y administración, percibiendo un porcentaje por tal misión adicional a lo que reciba el incapacitado.

Todas las actividades de cada individuo deberán ser registradas, ya a motus propio o por sistemas de informática automatizados, y que permitirá, en cualquier momento que se necesite la información, conocer su patrimonio, grado de instrucción, relaciones o dependencias familiares, hechos realizados en beneficio social, como también los contrarios, sus preferencias vacacionales, su domicilio, las peticiones de auxilio social o de seguridad que haya requerido y que estén pendientes, todo con la finalidad, de que en la medida de que el estado tenga suficientes recursos para cumplir la petición, le sea asignada.

Los cargos, y sus respectivos ascensos, deberán ser asignados, previa solicitud del inter- sado y aprobación del sistema informático nacional, para cuyo otorgamiento se tendrán en cuenta las cualidades y estudios realizados por cada quien, además de las experiencias exitosas que haya obtenido.

Todos estos controles, debido a su enorme cuantía, no pueden ser ejecutados únicamente por personas físicas, sino utilizando la ayuda de los programas de informática, que deberán ser revisados periódicamente con la idea de irlos perfeccionando. Deberá prohibirse el desarrollo de máquinas computadoras robots con poder de razonamiento y decisión propio, en el que no intervengan los seres humanos. Ésto, indudablemente, para evitar que en un futuro, ya vislumbrable, que las diversas máquinas puedan suplantarnos, con los consiguientes riesgos de convertirnos en sus esclavos.

Como podemos observar este sistema organizacional de la sociedad tiene como fundamentos lo siguiente:

a) Eliminar del sistema todo lo que sea irrecuperable y de alta peligrosidad.

b) Evitar la holgazanería, e impulsar el trabajo y el estudio.

c) Proteger socialmente a quienes lo merezcan, dado su estado personal.

d) Eliminar las grandes fortunas, permitiendo solamente un límite razonable que permita al que es rico de por sí, seguir siéndolo, con todos sus beneficios, pero sin caer en la exageración.

e) Tratar de corregir a los pequeños delincuentes, impulsándoles hacia el trabajo y el estudio, ya sea en forma voluntaria, o de ser necesario obligada.

f) No coartar el desarrollo personal, permitiendo que cada quien declare cuales son sus aspiraciones, y en la medida de obtener los recursos, permitir que se vaya superando.

g) Favorecer la crítica sensata, permitiendo anexar las opiniones personales a su propio historial, pudiendo estas opiniones ser analizadas informáticamente, sin que por ello se le asigne formar parte de ningún grupo, partido, secta o religión.

h) Al haber una mejor distribución de la riqueza, eliminando las fortunas exageradas, el estado obtiene recursos para atender todas las necesidades de la población, a todo nivel, ya sea habitacional, productivo, educativo, de investigación, de protección y seguridad.

Es obvio que ésto no se puede desarrollar de una sola vez, ya que requiere un lento proceso de adaptación, durante el cual habrá que cambiar prácticamente todo, pero en forma sensata. La parte más crítica es el hecho de que los gobernantes acepten ir cediendo poder al sistema informático, siendo cada vez más específicos y técnicamente preparados para el control social. Un ministro de educación, deberá ser elegido informáticamente como el más preparado para ejercer tal función, y esa selección no la hará un presidente, sino una máquina poseedora de los datos de toda la población interesada en tal cargo. Un Juez de Tribunal Constitucional no podrá ser elegido por voto popular, sino como resultado de ingresar los nombres de los aspirantes en el sistema informático, y será éste quien decidirá.

CAPÍTULO XVIII

Todo esto que mencionamos en nuestra tesis del *herrerismo*, parece una locura, pero no es tal, sino simplemente una Gran Estupidez personal, pues difícilmente habrá alguien capaz de ceder su puesto a un sistema informático, lo cual demuestra que esa estupidez de la que tanto hablo en este libro me alcanza hasta a mí mismo, pues escribo algo que nadie tomará jamás en cuenta, pues el ser humano, en su instinto de conservación nunca aceptará dejar de ser el amo de los demás. Aunque esta doctrina *herrerista* se parece bastante a la comunista, pues tienen algunos puntos en común, hay mucha divergencia verdadera, pues en nuestra filosofía no eliminamos el capital, sino que lo delimitamos, y lo que vamos a repartir entre los pobres es a manos del estado, y no es con dádivas de subvencionar productos, sino en promocionar el trabajo, el estudio y la investigación, que tendrá como resultado final el aumento de la productividad, la capacidad intelectual de la población y el desarrollo y progreso científico.

Es lógico pensar que algo tan inmensamente cambiante a nivel social, no podría ser desarrollado siguiendo a pies juntillas las pocas o muchas recomendaciones de este librito, que jamás aspira a convertirse en una Biblia, un Corán, una Tora o un Veda, pues eso simplemente nos llevaría al peor de los desastres conocido, resultando a lo mejor en una especie de Yihad *herrerista,* o un protestantismo *herrérico,* que nos volvería a los tiempos catastróficos del señor Lutero o de los mata-niñas islámicos. Lo que aquí propongo, a sabiendas de que con la mentalidad mediocre del actual ser humano, que por cierto es la misma de siempre a través de los siglos, nunca llegaremos a tratar de desarrollar algo que tenga como principios los que nosotros sustentamos aquí, sin embargo, si eso en verdad ocurriera, por obra del maleficio de un mago misterioso venido extra-galácticamente, no servirá solamente leernos, sino que habrá que estudiar detenidamente cada caso y desarrollar programas informáticos serios y confiables, por personas responsables, no parcializadas, y verdaderamente incorruptibles. El primer gran inconveniente será que los sujetos protectores de los derechos humanos de las bestias criminales asesinas, acepten sacarlos del sistema, lo cual considerarán algo terrible, inhumano, y que ya comenzando anulará cualquier esfuerzo. Como es imposible mejorar algo, desarrollar nuestra doctrina sin extirpar la basura de la sociedad, el pronóstico de llegar a soluciones verdaderas está en el Más Allá de los Imposibles.

Mientras tanto, los que habitamos en estos lugares destinados por el Señor como su lugar de experiencias dantescas, debemos seguir siendo aterrorizados por las huestes motorizadas de criminales asociados o independientes, convivir con los secuestros que permitirán a las mafias de las drogas, la guerrilla o el armamento, obtener recursos para proseguir con sus grandes negocios privados. No podremos montarnos en un servicio público de transporte porque seremos asaltados, sin que nadie lo impida. No podremos asistir a una sala de cine, teatro u otro espectáculo sin que corramos el riesgo de sufrir los embates del hampa.

Los delincuentes ya no son sujetos de más de dieciocho años, ya tenemos ratas asesinas de quince y hasta de menos años, los cuales también debieran ser sacados del sistema, como a veces ellos mismos se lo hacen entre si cuando pelean por los botines.

Debemos seguir temiendo que al desplazarnos a la capital, en plena autopista principal y pleno día, seamos asaltados, y hasta masacrados durante las colas producto de la ineficiencia de los encargados de dirigir la vialidad.

Este tipo de delincuencia ha llegado a tal punto, que ni siquiera hay seguridad en los velorios, ni en las salas de los hospitales, ni en los cementerios, ni en los lugares donde vivía un asesinado, esos engendros de la basura diabólica son ya tan comunes que los tenemos en todas partes y a cada momento. No existe un lugar donde puedas sentirte seguro, pues hasta a tu cama, durmiendo te llegarán las balas de esos insaciables aspirantes al circulo noveno del Infierno de Dante.

Sigan pues, señores protectores de esos bichos vivientes, protegiéndolos, tratando de que la solución para tal mal no llegue, pues le dais preferencia a la vida de esos malignos, y os olvidáis de los miles y miles de asesinados con total impunidad, pues habéis logrado que los que debieran ser defensores de la ciudadanía, también se hayan convertido en defensores de las lacras, con muy honorables excepciones, desde luego.

Nuestros lectores, que se encuentren en países dónde no ha llegado ese ébola delincuencial pensarán que lo que decimos no puede existir, pues ni remotamente imaginan que tal cosa pueda ocurrir en lugares que hasta no hace mucho eran prácticamente paraísos terrenales, pues podías dormir con las puertas abiertas, y nadie te asaltaría, te accidentabas en algún lugar, y todo el mundo te ayudaba, no como hoy, que si por tu desgracia te accidentas, te rematan para robarte lo poco o mucho que lleves.

Esos felices habitantes de los paraísos en los que vivís, debéis cuidar que ese mal no os llegue, evitando el desplazamiento de los seres humanos con vicios criminales que contaminen vuestros santos lugares. Evitad a toda costa su llegada, para que no os ocurra como a nosotros, que por ser colaboradores sociales de la miseria de otros países, permitimos que entrara en el nuestro lo indeseable, que nos ha corrompido hasta la saciedad.

Sabemos, por referencias, que hay otros muchos lugares del planeta donde ocurren cosas similares, y aún hasta peores, pero no nos queda sino conformarnos con lamentarnos de tal proliferación de delincuentes, pues si no nos podemos ayudar a nosotros mismos, mucho menos podemos hacerlo por otros tan distantes. Hay países de este mundo donde hasta los mismísimos gobernantes, colaboran en la masacre de sus mujeres, como en el caso de los gobiernos fundamentalistas del Islam, para los que el asesinato, la lujuria exclusivista y la incitación hasta a la propia autodestrucción son patrocinadas por los que llegando a ser gobernantes, y tal vez portando un símbolo religioso de superioridad, convierten a sus siervos en carne de cañón, y a sus mujeres en esclavas sexuales.

Nosotros, no somos creyentes de ninguna religión, tampoco somos seguidores de ningún partido político; no somos tampoco miembros de ninguna secta o sindicato, pues no creemos en nadie. Si alguna vez nombramos a algún dios en nuestros escritos es sólo como expresión literaria, pero no porque creamos en tales cosas propias de las edades arcaicas, cuando el ser humano se asustaba al oír el trueno, ver el relámpago, u observar los efectos de un rayo. La diosa Luna y el Dios Sol, tal vez eran su paño de lágrimas, pero nosotros carecemos de todo eso, porque estamos inmersos en conocimientos más profundos, que solamente pueden dilucidar las ciencias físicas y matemáticas. Si alguna persona está interesada en desarrollar estos temas puede leer la cuarta parte de nuestro libro *"El Club de los Cuentos Vespertinos"*, en donde exponemos nuestra concepción del Universo, del Cosmos, en una forma científica, y alejada de las supersticiones propias del troglodita (y a partir de la fecha de esta corrección, también podemos recomendar otras muchas obras que hemos publicado que se refieren al mismo tema, entre ellas el *"Tratado de la Cuarta Dimensión"*.

CAPÍTULO XIX

Para aquellas personas que tienen creencias divinas, y profesan alguna de las múltiples religiones, debemos aclarar, que consideramos que las religiones siempre han sido un arma de doble filo, por una parte impelían al ser humano a tratar de moderar su conducta, siendo un poquito mejor de lo que los instintos animales nos impelen a ser desde siempre, pero por otro lado, esas mismas creencias han sido factor de retraso en el conocimiento verdadero, pues las supersticiones que permitían controlar en parte la maldad de nuestros congéneres, simultáneamente frenaba enfrentar la verdad de las cosas, haciéndonos vivir en un mundo de fantasía religiosa, alejados totalmente de la realidad. Por otra parte, los líderes de todas las religiones, siempre han tratado de sacar provecho propio de la credulidad de sus feligreses; provecho que ha podido ser en bienes patrimoniales, en poder, o en satisfacción de vicios mundanos. Como ejemplo de beneficios patrimoniales lo tenemos en la obligación de dar diezmos a las iglesias; ejemplo de la influencia en el poder, es que durante siglos los gobernantes, especialmente los europeos, siempre fueron nombrados por los clérigos; y en cuanto a la satisfacción de vicios mundanos, lo tenemos en los jerarcas de la Inquisición, cuando abusaban de las inocentes mujeres tildadas de brujas, o de los musulmanes, que no se contentan con una esposa, sino que al menos deben tener cuatro, y todas las huríes que puedan pagar.

Es obvio que en aquellos tiempos, en que hasta el más ignorante reconocería que el ser humano tenía menos conocimiento de las cosas, y que por lo tanto era muy influenciable por los hechos más irrelevantes, en cierto modo podría justificarse la creencia en tal cúmulo de supercherías sustentadas por los jefecillos de las mafias religiosas. Pero hoy día, sin embargo, salvo que reconozcamos implícitamente que seguimos siendo trogloditas cavernícolas con teléfono móvil o celular, no se justifica tal tipo de conducta, y que nos sigamos dejando llevar por esa gente, que en su gran mayoría no creen en lo que adoctrinan, es decir, que hacen lo mismo que el capo de la droga, que se enriquece con el dinero de los drogadictos, pero que él, como es lógico, no prueba la tal droga porque sabe que se envenenaría. Un líder guerrillero incita a sus subalternos a que sean héroes, que se martiricen en pro de los ideales que les inyectan a través de la droga del fanatismo, pero ni remotamente serán ellos mismos los que realicen el acto que obligan ejecutar a sus subalternos, pues uno de los grandes problemas que nos da el instinto de conservación es que nos convierte en cobardes, y generalmente los jefecitos de todas esas sectas, mafias, y tantas otras cosas que no recordamos sus nombres en este momento, tienen un elevadísimo sentido de conservación, es decir son unos terribles cobardes, ¡Claro que cobardes en protección de sus intereses físicos, pero no en el de la pobre carne de cañón que envían al matadero!.

Nuestros conocimientos, a pesar de que aparentan estar en un punto álgido de gran relevancia para el desarrollo de la Humanidad, en realidad, si los sometemos a un profundo análisis comparativo, entre lo que nos falta por conocer, y lo poquito que creemos saber, nos daremos cuenta de que seguimos siendo prácticamente unos ignorantes. Nos basamos, para considerarnos sabios, en que apenas un siglo atrás desconocíamos la electricidad, lo cual ha sido un aparente paso gigantesco, pero ¿podemos imaginarnos lo que habremos descubierto dentro de mil años?. ¿Acaso pueden someramente imaginarse a un ser humano del año 3000?. Si los avances tecnológicos se llevan a cabo en el futuro a un ritmo similar al de los últimos cien años, tal vez en ese año del futuro, inimaginable, seremos algo tan diferente, que no nos reconozcamos como humanos, pues hasta es posible que vivamos en otras dimensiones, que para nosotros, en estos momentos, ni siquiera podemos dilucidar en algún intento de bosquejo. ¿Creen ustedes que en esas épocas del futuro, seguiremos orando delante de una estampita para que se nos cure un hijo?; ¿o más bien ocurrirá que la ciencia habrá avanzado tanto que seremos inmortales, y por ende no necesitaremos darnos fuerza interna con tales invocaciones místicas?.

En cualquier forma, de lo que sí estamos seguros, es que siempre ha existido, existe actualmente, y siempre habrá, un espíritu inmortal de nuestros entes, asociados físicamente con nuestros cuerpos actuales, y que en un futuro seguirán asociados con nosotros ya sea en una u otra forma. No podemos creer en dioses de ninguna índole, pero sí en seres casi incorpóreos que nos puedan ayudar y orientar en nuestras decisiones, y que generalmente están relacionados con quienes conocieron durante vivencia de la actual dimensión vital. Pero todo eso es otra historia, y otro tema, que lo hemos desarrollado en otros libros.

XX

EPÍTOME

Concluir un libro es mucho más difícil que empezarlo. Cuando iniciamos la escritura de algo que tenemos en mente, pensamos, lógicamente, que vamos a tener la oportunidad de expresar todos nuestros sentimientos. A medida que avanzamos en el desarrollo nos damos cuenta de que hay muchas cosas que quisiéramos decir, pero que no podemos realizar. Generalmente el autor es alguien conocido, que expresa en sus escritos sus sentimientos, sus formas de pensar y de vivir, y por lo tanto está exponiendo a la opinión pública una versión similar a lo que el tal público piensa que es el autor. Grave error cambiar de línea de expresión, que hará también cambiar la opinión que otros tienen de uno mismo, por lo que generalmente el autor conocido se inhibe de decir cosas que sean diferentes a lo que sus lectores creen que debe escribir.

Eso no ocurre cuando el escritor es desconocido. Nadie sabe quién es, su tendencia política, religiosa, si es rico o pobre, si dice ser periodista pero a lo mejor es ingeniero... etc. le dan cierta libertad de acción. pero hay algo en lo que cualquier escritor debe pensar, y es en que lo que va escribiendo, a través de sus textos, va forjando en los posibles lectores la imagen de alguien que al comparar tales opiniones con las propias nos permite dilucidar si esa persona es digna de que la leamos. ¡Gran responsabilidad, estamos creándonos a nosotros mismos!

Cuando vamos llegando al final de nuestra obra empezamos a revisar si se nos ha quedado algo, y tristemente, casi siempre descubrimos que es más lo que dejamos de decir que lo que tenemos en mente, pero siempre nos quedará la esperanza de publicar otra obra que la complemente.

En el caso nuestro, formamos parte de ese grupo de aspirantes a escritores que nadie conoce, y que tienen la obligación de empezar a crear unas pautas técnicas que permitan al público pensar que están leyendo algo serio. Lamentablemente para mí, lo poco que he publicado hasta el presente, que es la milésima parte de lo que he escrito en mi vida, no está definido en una forma totalmente direccional, pues hemos tratado de tantos temas en nuestros libros, que se nos hace difícil discernir cual es nuestro verdadero temperamento literario.

Cuando un novel escritor se inicia en la carrera de la publicación, seguramente tiene en mente, que si acaso ese fuera el único libro que tuviera la oportunidad de editar, debería ser una especie de compendio del mismo autor, es decir una especie de bautismo de fuego, donde, por si acaso, no puedes ir más adelante, al menos dejas sentadas las ideas principales de tu pensamiento vivencial. Luego, a medida que observas que te es dado proseguir con tales escritos, vas dejando de lado la parte personal, y te dedicas más a temas específicos ajenos a tu persona. Sin embargo, el que ha seguido esta pauta en sus inicios, se encontrará con la situación de que ya se ha dado a conocer profundamente en su primer escrito, y lo que vaya diciendo después difícilmente irá cambiando la primera impresión del lector.

El caso nuestro se aproxima algo a lo expresado anteriormente, aunque no en su totalidad. Iniciamos nuestra primera obra picando un poquito allí y otro poquito allá, alternando las formas de expresión, tratando de ser muy serio en unas, y jocoso en otras, incitando a la amenidad en sus relatos, pero también intentando hacer ver la seriedad de lo que se dice. Al final, cuando estamos llegando al quinto libro (en el momento de esta corrección ya van diecisiete), publicado en Amazon, nuestro gran colaborador, sin el cual nunca hubiéramos podido editar algo que no fuera las tesis de grado o algún artículo en revistas y periódicos locales, descubrimos que todavía no hemos podido expresar nuestros verdaderos sentimientos en forma plena, porque los consideramos tan fuera de lo acostumbrado a lee, que tenemos el temor de que el que lo hiciera por primera vez nos olvidara para siempre.

A pesar de eso, henos aquí, tratando de publicar un texto aparentemente loco, lleno de críticas y de conceptos e ideas utópicas, expresando claramente, sin ambages nuestras tendencias filosófico-espirituales y científicas, y por si fuera poco, intentando dar pautas para crear un mundo nuevo. ¡Qué locura!. Sin embargo, a pesar de que en gran parte de esta última obra editada decimos barbaridades sobre los miembros de nuestra especie humana, nos consta que no todos esos especímenes somos iguales, y que afortunadamente, han existido, existen y existirán, personas muy valiosas que hacen que merezca la pena tratar de salvar a la Humanidad.

---oOo---

OBRAS EDITADAS HASTA LA FECHA

Hasta el momento hemos editado los siguientes libros que están a su disposición en Amazon, CreateSpace y Kindle:

1.- "El Club de los Cuentos Vespertinos". Primera edición.

2.- "Cuentos Misteriosos Verdaderos".

3.- "Cómo ser un Buen Poeta y no morir en el intento".

4.- "Manual de Vida para Jóvenes Inexpertos"

5.- "Estudios del Más Alla"

6.- "Cien y más poemas de una vida"

7.- "Historia de un Funcionario de Cárceles"

8.- "Misterios que asustan"

9.- "Siete estudios de Psicología Forense"

10.- "Tratado de la Cuarta Dimensión"

11.- "Antología Poética"

12.- "Seis Estudios de Psicología Forense"

13.- "Juicio a la Historia"

14.- "El Club de los Cuentos Vespertinos". Segunda Edición corregida

15.- "Manual para Psicópatas de Elección Popular"

16.- "La Gran Estupidez Humana". Segunda edición, corregida y aumentada.

ÍNDICE